鲁迅
回忆录

许广平 著

中国文史出版社

图书在版编目（CIP）数据

鲁迅回忆录 / 许广平著 . — 北京：中国文史出版社，2019.12

（素笔忆鲁迅）

ISBN 978-7-5205-1764-5

Ⅰ . ①鲁… Ⅱ . ①许… Ⅲ . ①鲁迅（1881-1936）—生平事迹 Ⅳ . ① K825.6

中国版本图书馆 CIP 数据核字（2019）第 269220 号

责任编辑：李军政

装帧设计：蒲　钧

出版发行：**中国文史出版社**

社　　址：北京市海淀区西八里庄 69 号院　邮编：100142

电　　话：010-81136606　81136602　81136603（发行部）

传　　真：010-81136655

印　　装：北京地大彩印有限公司

经　　销：全国新华书店

开　　本：787×1092　　1/16

印　　张：11.25

字　　数：105 千字

版　　次：2020 年 2 月北京第 1 版

印　　次：2020 年 2 月第 1 次印刷

定　　价：46.00 元

出版说明

　　为纪念鲁迅诞辰 140 周年，我们策划了"素笔忆鲁迅"丛书。按照"曾在某一时期与鲁迅有过交往"的原则，选录周作人《鲁迅的青年时代》，许寿裳《亡友鲁迅印象记》《我所认识的鲁迅》，许广平《鲁迅回忆录》，郁达夫《回忆鲁迅》、萧红《回忆鲁迅先生》(此二篇合为一种《回忆鲁迅》)，孙伏园《鲁迅先生二三事》，冯文炳《跟青年谈鲁迅》，荆有麟《鲁迅回忆》，共八种。这些文字经过时间的淘洗存留下来，大多已成为研究鲁迅的必读篇目。

　　为了尽量保持作品原貌，我们全部使用了较早出版的版本进行适当加工。一是对一些异体字、标点符号等早期白话文的痕迹进行修正，以方便今天读者的阅读。二是由于几位作者个人情况迥异，以及原书初版年代上至20世纪30年代、下至50年代，不可避免地带有各个时代的烙印，有些文字、观点在今天看来或已不合时宜，而又与鲁迅生平没有直接联系，我们酌情做了处理。最后，我们适当插入了一些与鲁迅相关的老照片，希望对读者了解鲁迅的人生经历有所帮助。

编选工作如有不当之处，敬请读者谅解。

编　者

前　言

　　许多朋友鼓励我写些回忆鲁迅的东西。有些借参考书给我看；有些劝我想起什么就写什么，然后加以选择和安排；还有些叫我先写个大纲，再加以叙说；更有人提出照我以前写过的《欣慰的纪念》和《关于鲁迅的生活》那两本小书的内容加以扩充。凡这些，都使我觉得无论如何也得努力一下，来完成这项任务。他们对文化事业的热情关怀，使我鞭策自己；同时，又因鲁迅逝世已经二十三年了，虽则音容宛在，但总觉言行多所忘记了。为着对历史的忠实，为着对读者负责，都不应孟浪而为，因此颇感苦恼。

　　"十一"献礼的热潮推动着我；总路线多快好省的号召激励着我；工人阶级和全国人民的冲天干劲

和创造精神又不断地影响和鼓舞着我，于是就下定决心试试写作了。

从1959年7月13日—8月13日的一段时期，是准备阶段，主要是阅读《鲁迅日记》和他的著作，旁及一些有关鲁迅的资料，另外还看了些世界名人的回忆录。很快地，书还未看多少，一个月的时间就过去了。再拖下去怎么得了？于是就在这点薄弱的基础上，开始从8月半里动笔，到9月20日就又停止写作了，回到城里参加我们伟大祖国建国十周年的庆祝盛典，到10月底才又抽身回到城外，继续进行写作。11月底，初稿才算全部写完，共十三节。自己从头一看：时代虽大致略有先后之分，但有些事情有连锁性，因此某些内容，往往又得按时间先后就某件事情作一些介绍。这就是现在所写成的样子。

从这回的写作来说，使我深深学到社会主义风格的工作方法。就是个人执笔，集体讨论、修改的写作方法。特别是这本小书，曾得到许多负责同志的热情关怀和具体帮助，他们非常重视这项工作，亲切地指出何者应删，何者应加，就只恨自己限于水平，以致不能更深切地体会这些指示，使它更符合于人民的要求，连自己都觉得离开满意甚远，因此，内心总觉着不少惭愧的。

起先，进度尚快，每日可写四五千字，本来打算在"十一"以前完稿的。但由于体力不够，血压突然上升，天气又热，头昏脑胀，怕这样下去势必不能继续工作。不得已乃变更办法，拖长时间，所以到11月底才完工，其间实际执笔不过两个多月。以如此严肃的工作，我自觉力不胜任，幸而重温了约一个月余的书，稍稍引起了一些回忆，因此得以联想起一些事情，使我作为写作时候的参考。尽管动起笔来，自己力求去芜存精，对年代时日又多借助于原来的著作，但仍难免有挂一漏万或拾了芝麻丢了西瓜之弊，那是自己原本不长于写作，且又文艺性不够，写起来平铺直叙，而反映历史事实也难于料到波澜壮阔。因此，可能使读者会感到一些失望的。

又，本书没有大段的鲁迅谈话的记录，好在这些大段的话，都在鲁迅著作或给朋友的通讯里尽言无隐，在家庭生活中倒不是整套讲话的时间。加以朋友一来，我就每每张罗家备，或添菜吃饭，或看顾孩子，对鲁迅和客人的谈话，径往听到片言只语，未必全面，时日一长，便多所忘记了。因系历史事实，不能马虎出之，所以有些话如果找不到引证，就是有些印象，也都从略了。外，牵涉到保密问题的一些事情，如有关左联的活动以及与其他革命者的来往，我则遵守铁的纪律，不便与闻，因而未能详说其中情况。不过从我看来，鲁迅在上海时期的工作，是在党的具体领导之下来进行的。他对党的关怀热爱，是和每一个革命者一样的。他对党的尊重，是达到最高点的。自己无时无刻不是以一个"小兵"的态度自处的，就是对左联的工作，他也不是独自擅专的。处处请求明甫（茅盾）先生一同商量问题，然后再听从党的最后决定。即接见外国记者，也常常和明甫先生一同见面。他寤寐以求的是如何为党增加力量，如何为党更好地工作，如何想法为党和革命造就大批的战士。因为亟望革命的人多，他就对青年爱护备至，多方培植。这是鲁迅的优点，也是笔者所见于鲁迅的最重要的方面。其他如对文学遗产问题，对文学改革问题以及许多有关政治、社会、科学、文化等等问题，读者可从鲁迅著作中自去翻检，我在这里也就从略了。

回想鲁迅的写作，从不马虎从事，处处是为了于社会有益、于人民有益而才着笔的。他的文章，不但内容扎实，即使一本书名，也是非常细心地考虑过的。如《伪自由书》对《准风月谈》;《朝花夕拾》对《故事新编》;《呐喊》对《彷徨》;《三闲》对《二心》等等。他还曾经说过要出一本《五讲三嘘》的书，这正好和《南腔北调》成为一对。但他考虑到写了这本书未必于社会、于人民有益，因此也就放手罢笔了。似他这等审慎，则我对于他的生平，尤其最后十年在上海的生活，实在写得潦草不够了。比起鲁迅严肃的写作态度，实在差得很远了。

幸而时代已经不同了，今天已不是关起门来写作的时候了，向群众学习，做党和毛主席的小学生，总会减少许多错误的。

于是，我便大胆地将这本小书呈献在读者之前！

1959 年 11 月 24 日

目　录

一　"五四"前后 001

二　女师大风潮与"三一八"惨案 006

三　鲁迅的讲演与讲课 021

四　北京时期的读书生活 034

五　所谓兄弟 050

六　厦门和广州 065

七　我又一次当学生 076

八　内山完造先生 083

九　同情妇女 098

十　向往苏联 112

十一　瞿秋白与鲁迅 120

十二　"党的一名小兵" 137

十三　为革命文化事业而奋斗 151

一 "五四"前后

五四运动以后，特别是自从 1921 年中国共产党成立以后，中国人民对帝国主义、封建主义的斗争更加尖锐、更加表面化。一些洋奴文人、"正人君子""学者教授"之流，投入了帝国主义和封建主义的怀抱，公开为统治阶级效劳，在国家、民族受到帝国主义和封建主义沉重压迫的时候，要青年放弃斗争，"走进研究室"里去。而以李大钊、鲁迅为首以及与他们具有同样见解的不甘屈服的人们，通过《青年》和青年们组成一条看不见边际的无形战线，奔向革命，投向光明。

这是时代推动了鲁迅。鲁迅在青年时代，就曾经以身许国，立下过"我以我血荐轩辕"的宏愿。但是从日本回国以后，他看到辛亥革命的失败，看到反动势力的复辟，看到鬼魅势力的横行，感到个人力量的微弱，因而曾经有过一个时期的悲愤。在袁世凯宣布"莫谈国事"时期，他曾一个人孤独地坐在山会邑馆的槐树底下，成天默默地整理旧书、抄录碑帖，以致晚出的槐蚕，冰冷地落到他的颈上，他也不为之拂去。青年时期激昂慷慨的热情，完全被深沉的忧郁和艰难的探索所代替了。但他的思想是愤激的，一有机会，也还要对时事表达自己的意见，例如在《哀范君》里，就对袁世凯的称帝做了讽刺："狐狸方去穴，桃偶已登场。"自五四运动发生，特别是1921年中国共产党成立以后，中国人民如火如荼的反帝、反封建的革命运动，蓬蓬勃勃地在全国各地发动了起来，鲁迅深深埋藏在胸底的愤火，立即被点燃起来了，他完全卷进这个历史的洪流里去了。"五四"以前，鲁迅在专心一致地整理古书、钻研碑帖，打算从中发掘许多有用的东西。而且我们也不否认，他在这方面的确也另辟了一条途径，作出了不少贡献，就是晚年在上海，当白色恐怖达到了极点，他的作品完全遭禁的时候，他这时又想起了那久蓄心中的工作，如编写《中国字体变迁史》《中国文学史》等。在这方面，因为种种原因，使他的心思一直没有达到，至终没有使他说出"也许别人说不出的话来"，未免可惜。但是在当时（"五四"前后），却有更急迫的工作需要他来作，这就使他写下了《狂人日记》《孔乙己》《药》《明天》等等服从将令的小说和直接揭露黑暗势力、号召群众起来战斗的杂文。从此，鲁迅的生活变了，思想变了，不再呆坐抄碑帖了。他在群众中生长，和群众在一起从事编刊物、出书的文字斗争。斗争的目标更加明确，斗争的意志更加坚定，完全涌到人民群众的革命怒潮中去了。

其次，苏联革命和它的文学对鲁迅起了巨大的推动作用。十月革命开辟了世界的新纪元。正当苦难的中国人民处于水深火热的时候，十月革命的胜利，带给我们的鼓舞力量真是难以估计。当时中国的一切先进分子，莫不歌颂它，称赞它，研究它，学习它。鲁迅在 1918 发表的《随感录》中，就称它为新世纪的"曙光"，要人们"抬起头"来仰视它，迎接它。待到 1925 年以后，鲁迅便丢开了搜集碑帖石刻，而代以内容崭新的书籍。从日记的书帐中，我们看到他在 1925 年所购置的书中，就有《新俄文学之曙光期》《俄国现代的思潮及文学》《新俄美术大观》《文学与革命》。1926 年未出北京以前，又有《无产者文化论》《无产阶级艺术论》，以及其他冠以露西亚、新俄等字样的书，与线装的中国书籍占着同一地位。这又和他所推动的未名社出版《苏俄的文艺论战》等书介绍新思潮同一时期。鲁迅后来在《祝中俄文字之交》一文中说，苏联文学书籍那时成了"我们的导师和朋友"，而这个"我们"当然也包括鲁迅自己在内。所以说，苏联十月革命和文学书籍，对在北京时期的鲁迅，也起了巨大的推动作用。

最后，这也和鲁迅自己的努力是分不开的。如众所知，鲁迅虽然生长在一个小城市里，但是他和农村有着深厚的联系。他自己虽然出身于士大夫官僚家庭，但是由于母亲出身于农家，所以从小就和广大农民的"野孩子"混在一起。因此，在整个民主革命时期，截然不同于同时代的一些知识分子，他以广大农民和一切被压迫阶级的代言人自居，替他们呼号，为他们请命。由于他对当时社会现实有着清醒的认识，所以鲁迅是一个清醒的现实主义作家；又由于鲁迅深刻地研究过中国历史，所以他对于许多吃人的"道德""礼教"，有着深切的痛恨。更重要的是他以文学为武器，来达到教育人民、打击敌人的目的，也就是说他以文学来为革命的政治服务，他自己心甘情愿地做一个听取将令的革命的马前卒，所以他能够在党所领导的革命队伍中，担负起一个光荣的革命战士的工作。鲁迅韧性的对敌战斗精神和"锲而不舍"的追求真理的意志，也帮助他走过了许多艰难困苦的道路。我记得他曾经对我说过这样一件事情：他的祖父在很早的时候，就让他抄写许应骙驳康梁变法的奏折。康梁变法在我们现在看来，那不过是毫不触犯统治阶级根本利益的"维新"运动，但许应骙即使对这个"君主立宪"的改良运动都要反对，可见其思想之保守与反动之甚了。而鲁迅的祖父又拿这个奏折来让他抄写，想以家庭的专制，来束缚鲁迅的思想，这不是要从小制服这个在他们眼里桀骜不驯的人吗？鲁迅后来问我："许应骙是你什么人？"我答道是"叔祖"！他就半开玩笑地说："哼！我从小就吃过你们许家的亏！"

一个作家的感觉是敏锐的，特别是像鲁迅这样的作家。这一时期，面对着帝国主义对中国的宰割，封建势力的黑暗笼罩着一切，他的内心的忿怒是想象得到的。但是他相信人

类的进步，相信未来的光明，所以当曙光刚刚来临以后，他
就和一切先进的战士们在一起，勤快地做起他们应做的工
作了。

二　女师大风潮与"三一八"惨案

　　女师大事件发生的经过以及有关情节，我们倘一翻阅《华盖集》的正续编，对于当时的一些人物，如杨荫榆、陈西滢之流，以及这个事件的真相，大抵可以了然。当时女师大这些青年学生，内有校长的高压，外有"正人君子"者流的舆论、报刊和流言，上有教育总长章士钊和北洋军阀段执政布下天罗地网。鲁迅站在学生群众的一边，义正辞严地给予这批狼样的凶兽们以无情的打击。在两本《华盖集》中，有四分之三的篇幅是用来抨击他们，用力气不可谓不大。他们最后相继在正义面前失败了，在真理面前缴械了，他们要求"带住"了。但是鲁迅说：《我还不能"带住"》。这些文章，读起来至今还虎虎有生气。古人有读了美文而医好头痛病的，这些抨击章、杨辈的文章，仿佛似之。

　　鲁迅在这一次，打了一个漂亮的胜仗，使敌人望风披靡，弃甲曳兵而走，遭到了彻底的失败，翻不过身来。

原因何在？一个女学校的风潮其实很普通，何至闹出偌大问题，牵连许多人物？假使这边没有鲁迅这枝笔，这次青年运动是否就会减色？我们试探索一下。

最后胜利永远属于革命的一方，反革命者就是一时稍占些便宜，最后终于要失败。这是事物发展的规律，是不能以主观的意志为转移的。鲁迅跟着革命的群众一起前进了，获致胜利了。敌人集合一批反动力量，看似有权有势，炙手可热，到头来还是失败，这是由他们本身的反动性质所决定的。

北洋军阀的黑暗统治已临末日，腐朽的段祺瑞执政，想和革命的民主主义者孙中山作对，想和已经蓬勃开展起来的人民群众反帝反封建的革命运动作对，当然是无济于事，注定要失败的。

女师大事件，就是当时北京的革命知识分子、青年学生，和卖国的军阀政府之间斗争的一个环节。学生们其始不过想对自己的学业有所提高，对学校措施有些不满；倘使接受这些正确的要求，风潮本可避免。但既属于反动一面，他就会产生出一套反动的办法：嗾使貌作旁观、置身事外、其实是同伙的一批人，在外大说"闲话"，如陈西滢；大放流言，如现代评论派；颠倒黑白，如《甲寅》周刊与老虎总长章士钊。鲁迅在旁随时看出敌人的弱点，立即给以抨击，不使敌人野心得逞。

杨荫榆不学无术，到美国"镀金"回来，拉拢了一些臭味相投的人，活动了几个拥护女人长校不问贤愚的狭隘的唯女权论者；再投靠了当时的权贵段、章，利用歪曲事实、无耻造谣的陈西滢，就以为炙手可热，人莫敢违了。于是与教师、学生、群众为敌。

1925年，在反抗杨荫榆卑鄙治校的风潮起来不久，革命的民主主义者孙中山先生3月间在北京逝世。正值人们痛悼之际，杨荫榆竟然污蔑中山先生是"共产公妻"，不许学生去追悼，因而群情大愤。5月7日是日本军国主义强迫中国反动政府签定二十一条的一天，杨荫榆利用人们必然踊跃参加国耻纪念大会的爱国热情，企图偷梁换柱，把国耻纪念大会，变为替她洗涤污垢的场所，从而达到回校办事的目的。同学们有所违抗，即加以捣乱国耻纪念会的罪名，于是着令其私党历史教员（亦在教育部供职），威胁刘和珍和我代表大家向杨认错，否则有几个人要被开除学籍。我们秉全体同学之命，且以手加颈表示：宁死不屈，决不认错。这个毒计未能使坚持正义的学生屈服，于是杨荫榆躲在校外写出开除六个学生的布告，清晨挂在墙上。大众看见，知是预为布置的阴谋，更加愤不可遏。学生会决定不承认这个非法开除，就把这个布告牌取下来丢在教室讲台里的地板内。杨荫榆四处搜索无着，不好再发布告，我们便照样上课。

上海五卅惨案事起，学生们纷纷声援工人阶级的英勇斗争。女学生们（我们）组织护士训练班，学习看护。杨荫榆诡计多端，为了破坏学生的这一革命运动，一面扬言学校暑假大修理，不准大家住校，一面向学生请来讲习护理知识的医生进言，劝阻其来校。这样，学生对她的阴谋诡计更加愤慨。离家万里，一时不易回去的各地学生，因见杨荫榆欲借题发挥，想借口学校修理，而迫令被开除的和未开除的学生一同离开学校，于是气愤不过，就把真相揭露出来。杨荫榆见恶毒的一计不成，又生二计。把学校电路截断，伙房关闭，大门并用铁链锁了起来，杜绝往来。学生们借烛光照明，饿着肚子与各界、亲人、慰问者隔着大门相对饮泣，而"正人君子"们却为杨荫榆帮腔，说她的这惨无人道的卑鄙措施，是"以免男女学生混杂"。学生们于此更感到这批家伙卑劣阴险，于是由我执行学生会总干事的职责，在大门内宣言：像这样关闭电灯，迫令燃点蜡烛，并且封锁大门，杜绝出入，倘有失火，连逃命都有问题。为自卫计，大家毁锁开门！号令一声，众人奋起，不一时锁毁门开，亲友执手互庆得以直面相见。为避免奸人造谣，堵塞"正人君子"的流言，学生们在这最紧张的一夜，请了几位师长住在教务处，并请有声望的妇女来当临时舍监。鲁迅就是被请来校执行任务之一人，就这样，我们把杨荫榆的诡计，一件件地揭破了。

杨荫榆是失败了。然而她的"上司"、她的后台老板等辈并不就此甘心。因此，就发生了堂堂教育总长下令其司长刘百昭，公然引领警察及打手，雇用流氓和三河老妈子（身体特别高大）殴打学生，并驱逐出校，禁闭在女师大附设的补习学校空屋内的事件。记得那时，我眼看着同学们像货物一样被拖走，像罪犯一样被毒打，痛哭失声，惨无人道的这一幕活剧之后，即离开女师大，跑到学生联合会告急。连夜开紧急会议，向各界呼吁。待到反动统治者在囚禁的人们中查点人数找不着我的消息登在报纸上，鲁迅对于一时得不到信息的我们几个人，是何等焦急！他极力托青年向各方打听。当时，章杨不顾青年学生离乡来京远道求学的渴望，惟恐拔不掉这几根眼中钉，惟恐学生"啸聚学校"（他们的话），不易达到解散学校的目的，于是有设法叫两个警察押一个，押解被开除的六个学生回籍的计划传出。试想：这六个学生，为了学校之事，却要活演"林冲押配沧州"的一幕！如果真个实现出来，乡亲和家长们，还以为她们想是犯了什么滔天罪行呢！在旧社会内，遭到这样不平的待遇，能设想它的后果吗？这种倒行逆施，能不叫稍有正义感的人气愤？！正当学生们在补习学校义愤填膺的时候，我们在校外奔走活动的几个人，也正走投无路。平日过从很密的亲友、同志，很多都怕惹事，拒绝招待了。这时候只有鲁迅挺身而出，说"来我这里不怕！"如是，我就在现今故居的南屋，和老同学许羡苏住在一起，躲过了最紧急的几天。事后曾经听说，有几个警察也来过西三条胡同，但都被鲁迅坚决顶回去了。

学生何所恃？理直气壮博得真正的舆论的同情，革命的火焰燃烧在群众的心中。各校学生会和我们站在一起，支持我们最力的北大学生会，更是敌人最嫉恨的，所以敌人大造流言。但我们无所惧怕，因为 1921 年中国共产党成立以后，一切群众运动都有党的领导，我们的学生运动也成了这个群众革命运动中的一部分。有了正确的方针路线可以遵循，我们不怕再接再厉而觉力量不继！还有真正执行孙中山先生政策的革命民主主义者也支援了我们。这是光明与黑暗，正义与反动，被压迫者与压迫者，爱国者与卖国者的斗争，所以人也越来越多，步伐越来越坚实。鲁迅用他那枝横扫千军的笔，极有力地支持了我们。

也有国民党的短视者。我和刘和珍去请教他时，他却这样"鼓励"我们："你们干，放胆地干好了！你们看，黄花岗有没有你们妇女在内？！"我当时即想：原来他认为我们闹革命是为了要在黄花岗上争一席之地！从此，我们对这位先生再不去请教了。

鲁迅在学生中威望很高，其原因是和群众站在一起。当学校风潮起来时，他作为一个讲师，没有很多时间在校，开始采取慎重态度。因为许寿裳先生曾在女师大当过前任校长，还有理科主任也是许先生所熟识的，而这位主任就曾被杨荫榆当面无理地骂过"岂有此理"。这时，鲁迅可能对校事也听到了一些。后来学生被开除了，"正人君子"们又大放流言，把女学生糟蹋得不成样子，章又据流言写成文章刊出，杨又据之以发"感言"。一群牛鬼蛇神围攻着青年学生，这就更加引起鲁迅的注意，应学生请求，代拟了两个呈文到教育部，催促赶快另换校长；又感到"正人君子"们污蔑女学生太甚，于是亲自拟好《对于北京女子师范大学风潮宣言》，邀请马裕藻、沈尹默、李泰棻、钱玄同、沈兼士等人和他共同联名发表，证明学生被无辜开除，而她们品学兼优，"平索尤绝无惩戒记过之迹"。挺起胸脯，用负责的态度驳倒那些躲躲闪闪、吞吞吐吐、不说人话的"闲话之徒"。而这些"闲话家"们，为了掩盖他们对封建统治阶"帮闲"的反革命罪行，为了模糊青年斗争的目标，卑鄙地对这次斗争的性质作了恶毒的歪曲，说什么女师大风潮之所以起来，是由于"某籍""某系"的煽动。企图以这种方法来封住对方的口。鲁迅怎能为他们这种无耻伎俩所吓倒？所以在《对于北京女子师范大学风潮宣言》的具名上，鲁迅在起草时就自己写明"国文系教员"。其他签名的人，也都表明了自己的系，结果，除了"史学系主任李泰棻"之外，其余都是"国文系教员"，并且都是"某籍"（浙江籍）。这就给了专放流言的陈西滢之流一个沉重的回击。其实，只要问事情办得对人民是否有利，其"籍"和"系"本没有什么相干的，惟其他们作贼心虚，自己结党营私怕被别人揭露，所以就诬陷别人，倒打一耙，这就像流氓做了坏事反说别人也做过坏事一样，实在卑鄙。

章士钊对女师大风潮迟迟不予处理，不予解决校长问题。他利用杨荫榆恋栈之心，死硬到底。一面支持她压迫学生，一面暗中布置，要他夫人吴弱男来做校长，所以解散女师大如此积极，实想打扫好"臭毛厕"为夫人登坑也。但他倒先行试探，派人向鲁迅说："你不要闹（因为鲁迅站在青年一边——作者），将来给你做校长。"鲁迅何等样人，岂为图做校长而参加斗争？所以不予理会，于是章士钊就越权（旧制度佥事职务是总统任命，总长无权撤换）撤鲁迅教育部佥事的职以泄愤。

本来，女师大风潮不是单纯的一个学校的事情。因为女师大的国文系，也就是我选课的一系，六位教员都是在北大国文系任教的，且又多是反对胡适的，所以斗争又牵涉到北京大学内部。这个斗争，是中国知识分子在五四动之后，走向分化的具体反映。瞿秋白同志曾经指出：

> 五四到五卅前后，中国思想界里逐步的准备着第二次的"伟大的分裂"（第一次分裂，是在辛亥革命之后——作者）。这一次已经不是国故和新文化的分别，而是新文化内部的分裂：一方面是工农民众的阵营，别方面是依附封建残余的资产阶级……这个分裂直到1927年下半年方才完成，而在1925—1926的时候，却已经准备着。
>
> ——《鲁迅杂感选集》序言

鲁迅当时反对以胡适为首的现代评论派，有些问题常常隐蔽在个别的，甚至私人的问题之下，然而这种斗争，在原则上的意义，随着历史的向前发展，却越来越明显了。

为什么会有这种斗争呢？说起来也很简单，因为反动派不能只靠大炮和机关枪来维持他们的统治，一定还需要从思想上麻痹和镇压人民，而现代评论派所起的作用，正如鲁迅所揭露的那样：他们是一些"脖子上还挂着一个小铃铎，作为知识阶级的徽章……能领了群众稳妥平静地走去，直到他们应该走到的所在"。然而，在中国无产阶级已经登上政治舞台的1921年之后，他们这样对敌人献媚和效劳，并不是无人过问的，所以这就有尖锐和激烈的斗争产生。鲁迅对这一小撮反动帮闲者的无情揭露和沉重打击，是革命力量在斗争中取得的一次巨大的胜利。

当时的斗争，是相当尖锐的。敌人大权在握，就不惜使用武力制造流血事件以泄愤恨。所以"三一八"惨案又继之起来了。可以说：女师大事件是"三一八"运动的一个序幕。

从1925年5月到1926年8月这一年多当中，是帝国主义加紧分割中国的时期，同时，也是中国革命普遍深入到各方面的一个大时代。当时，在上海有五卅惨案，在广州有沙基惨案，在北京有"三一八"惨案。整个中国人民都处在和帝国主义、封建军阀的惨烈搏斗中。通过这种斗争，使我们对敌我双方阵陈营更划分得清楚了。

在"三一八"前后，我们看到鲁迅怎样以大无畏的精神，投身于这个反帝、反封建的伟大行列里，鼓舞着大众，使每个真的勇士，更加勇猛直前。但是知识分子中的敌对者们，就以"天下有闲事，有人管闲事"之类，来攻击爱国不甘缄默，起来打破铁窗突围冲出的人们。鲁迅以革命队伍的代言人自任，起来向他们斥辩，指出"我现在觉得世上是仿佛没有所谓闲事的，有人来管，便都和自己有点关系；即便是爱人类，也因为自己是人"（见《华盖集续编》:《杂论管闲事·做学问·灰色等》）。那些把国家大事、群众得失说成是"闲事"的先生们，其实他们自己并不把这种事情看做是一桩闲事，而是看做眼中钉的，所以想尽方法对群众思想进行麻痹，对群众运动进行破坏，直接和人民群众对立，为反动统治阶级帮闲服务。这是"三一八"惨案发生前两个月的气候，一批反动知识分子的心声的暴乱是敌人杀机早已萌芽，而为后来杀人者预留余地的一种姿态。

"你们做事不要碰壁"，这是北京女子师范大学风潮中压迫学生的杨荫榆派向学生群众的警告，也就是如众所知的：自己杀了人还不认帐，反而美其名曰这是你们"自投罗网""自己碰壁"的那一套鬼把戏。我曾经直截了当地答复过他们："杨先生就是壁！"而这"壁"是压迫者预置的一堵墙，不许革命青年逾越，你如果往前迈进一步，就要招"碰"，就要十恶不赦，死有余辜！当时的青年运动，当时的爱国运动，凡我们认为人的行为，认为人类所当为的，都被反动阶级说成"闲事"一桩，无关紧要，如果你要前进，你要反抗，那他们却是"壁"已树立，使你寸步难行，不许乱动！

但是革命的洪流，是一堵墙壁挡不了的。当时，鲁迅一方面号召青年拿出革命者的大无畏精神；我们"一要生存，二要温饱，三要发展。苟有阻碍这前途者，无论是古是今，是人是鬼，是《三坟》《五典》，百宋千元，天球河图，金人玉佛，祖传丸散，秘制膏丹，全都踏倒他"（见《华盖集》：《忽然想到（六）》）。另一方面也教导青年，要注意和敌人作战的方法，要使用壕堑战，不作无益的牺牲，要"准备'钻网'的法子"，巧妙地战胜敌人。如果"逼到非短兵相接不可的时候，没有法子，就短兵相接"。倘使敌人"用阴谋"与"装死"来对付，事情是僵持下去，拖下去不容易解决了，则已没有中庸之法。在这里，鲁迅启示给青年的战术是："随时用质直的方法对付。"（参看《两地书》）这个教育，这个指示，非但对当时的青年有巨大的指导意义，就是到了今天，他那种在战略上藐视敌人，在战术上重视敌人，把革命的热情和冷静的头脑结合起来的战斗方法，对于我们在对敌斗争中还有教育意义。

鲁迅最富有革命文学者的热情。凡是读过《回忆高尔基》这本书的人都知道，做为一个革命文学家的高尔基，对人是多么热情，对朋友们诉说的艰难困苦多么爱洒一掬同情之泪，就像孩子一样地时常热泪盈眶。鲁迅虽然比较能克制些，但他的悲愤却埋得更加深沉。常常因为得不到进步青年们的消息而使得他烦恼的情形，使我每每为之不安。尤其读到他的《记念刘和珍君》的哀悼文字，真是一字一泪，是用血泪写出了心坎里的哀痛，表达了革命者至情的文字。这流露于作者和读者的同声一哭，正是不甘屈服起而抗争的呼声，是唤起"中国的有志于改革的青年"，"知道死尸的沉重"急起奋斗的宣言！

为了聚积革命力量，以有限的代价换取更大的胜利，鲁迅有时是不主张请愿的。他曾经说过："请愿的事，我一向就不以为然的。"因为"知道他们（指反动派——作者）麻木，没有良心，不足与言，而况是请愿，而况又是徒手"，这些话是鲁迅在"三一八"惨案（1926 年 3 月，日本等八国为阻挠中国军队在天津布防，既发强横通牒，又用炮轰大沽。北京大中学校学生，于 3 月 18 日在天安门举行大会，表示抗议，并向执政府请愿，要求反对帝国主义。但段祺瑞竟下令开枪射击爱国青年，遂酿成这一惨案）发生以后，以压抑不住的悲愤写出了他对革命青年的热爱，对反动派的无比憎恨。我还记得"三一八"那天清早，我把手头抄完的《小说旧闻钞》送到鲁迅先生寓处去。我知道鲁迅的脾气，是要用最短的时间做好预定的工作的，在大队集合前还有些许时间，所以就赶着给他送去。放下了抄稿，连忙转身要走。鲁迅问我："为什么这样匆促？"我说："要去请愿！"鲁迅听了以后就说："请愿请愿，天天请愿，我还有些东西等着要抄呢。"那明明是先生挽留的话，学生不好执拗，于是我只得在故居的南屋里抄起来。写着写着，到十点多钟的

时候，就有人来报讯，说铁狮子胡同段执政命令军警关起两
扇铁门拿机关枪向群众扫射，死伤多少还不知道。我立刻放
下笔，跑回学校。第二天，我们同甘苦、共患准的斗士刘和
珍和杨德群活生生地被打成僵死的尸体，鲜血淋漓地被抬了
回来。请愿群众的愤激情绪，达于极点。鲁迅在这个"民国
以来最黑暗的一天"里，写下了如下不寻常的语句："这不
是一件事的结束，是一件事的开头。"果然，不出鲁迅所料，
继承着"三一八"斗争的传统，后来许多前仆后继的群众爱
国运动，并没有被敌人所吓倒，反而规模愈大，在共产党领
导下，口号更加响亮地发动起来了。这是为什么？因为血的
事实教育了青年，使他们认识到人民和统治者之间丝毫没有
妥协之余地可言。正如鲁迅所说：

> 实弹打出来的却是青年的血。血不但不掩于墨写的
> 谎语，不醉于墨写的挽歌；威力也压它不住，因为它已
> 经骗不过，打不死了。
>
> ——《华盖集续编》:《无花的蔷薇之二》

当然，鲁迅不主张请愿，是为了避免手无寸铁的群众和
敌人正面冲突，但是既然已经和敌人接触了，那就是正如
他所说的"逼到非短兵相接不可的时候，没有法子，就短兵
相接"了。所以"三一八"惨案发生以后，他公开站在群众
一边，向敌人进行猛烈的攻击，《华盖集》里的文章，不是

简单写在纸上的文字，那是和敌人进行白刃战中使用过的真刀真枪，即使今天读起来，仍使人感到寒光凛冽，锋利无比，真正当得起帮助人民杀出了一条血路的匕首和投枪。而且如前所说，鲁迅不主张请愿，是从爱护革命力量这一点出发的，他的中心目的，是聚积革命力量，待到时机成熟的时候，再与敌人决一胜负。但是，当时有一批"正人君子"者流，为了反对群众的爱国运动，却也打出了"爱护青年"的幌子，比如他们说"三一八"爱国运动，是学生受了某些人的"煽动"，说"学生本不应当自蹈死地"等等。这是他们明目张胆地为反动派帮腔，是企图用革命青年的鲜血来洗涤刽子手们的污手。鲁迅对这种反动论调，给了直截了当的还击："我只觉得所住的并非人间。""血债必须用同物偿还。拖欠得愈久，就要付更大的利息！"坏事在一定的条件下也有可能变成好事。鲁迅当时曾经这样说过：

> 这回死者的遗给后来的功德，是在撕去了许多东西的人相，露出那出于意料之外的阴毒的心，教给继续战斗者以别种方法的战斗。
>
> ——《华盖集续编》:《空谈》

这种方法，不是别的，就是他所说的"火与剑"的方法，也就是党领导我们使革命能够迅速取得胜利的武装斗争的方法。几十年来，由于党和毛主席的英明领导，全国人民的艰苦斗争，特别是人民军队的坚强斗争，才使祖国获得了解放，人民获得了胜利，革命前驱者们的愿望也终于得到了实现。

三　鲁迅的讲演与讲课

　　鲁迅是一个平凡的人，如果走到大街上，绝不会引起人们的注意。论面貌、身段、衣冠等，都不会吸引人的。

　　但在讲台上，在群众中，在青年们的眼里所照出来的真相却不一样。有一位作家郑伯奇同志在一篇题为《鲁迅先生的演讲》里，描写得很生动：

　　　　……左翼作家联盟宣告成立。就在这时候，为了将新的文学主张扩大宣传起见，鲁迅先生和笔者便被派到沪西大夏大学去演讲。

　　　　……

　　　　那时候，鲁迅先生是住在宝兴路景云里。他一个人在书房里，脸色很坏，他告诉我们，他病了几天，夜里睡不着，牙齿都落掉了。他表示不能演讲，还把落掉了的一颗大牙齿给我们看。

代表很为难。他说，同学都在等待着鲁迅先生去，若第一次就使同学失望，以后什么怕都不好进行了。我是知道自己不会演讲，唱独脚戏准得失败的，故也极盼先生出马。看见这样情形，鲁迅先生终于答应我们，带病同去了。

大夏大学的礼堂兼雨操场是挤满了人。当时左联固然也有点号召力，但，毫无疑义，大部分的学生是为瞻仰鲁迅先生的言论丰采才集合来的。

由我来唱了开锣戏。演讲的内容不外乎是当时开始受人注意的文艺与阶级关系的问题。

现在想起来还要汗颜，笔者讲了不到一刻钟，听众是一个去了又去一个。偌大一座讲堂只剩下寥寥不到百十个人了。我心里有点发慌：

（头一炮就打不响，鲁迅先生又有病，这却怎么办好？）

心里越急，口上越乱。什么"意德沃逻辑"呀，什么"印贴利更地亚"呀，什么"狄亚列克特"呀，这一类生硬的术语，只在口边乱撞。可怜那百十个听众又渐渐散开，变成乌合的散兵线了。

看光景还是趁早退场好，于是赶紧做了个结束了事。

耳边懵懵懂懂听见一阵热烈的鼓掌声，是鲁迅先生登坛了。

　　怕是有病的关系吧，鲁迅先生的声音并不高，但却很沉着，口调是徐缓的，象是跟自己人谈家常一样的亲切。

　　他先从他的家乡说起。他说，他是浙东一个产酒名区的人，但他并不爱喝酒。这样，他对于曾经说他"醉眼蒙胧"的同志轻轻地回敬了一下。

　　以后，他便谈起他家乡的风俗。语词记不清楚了，大意是他的家乡那里，讨媳妇的时候，并不要什么杏脸柳腰的美人，要的是腰臂圆壮、脸色红润的健康妇女。由这类的例子，他归结到农民和绅士对于美观的不同。然后，他用实例揭破了"美是绝对的"这种观念论的错误。而给"美的阶级性"这种思想，找出了铁一般的根据。

　　在朴实的语句中，时时露出讽刺的光芒。而每一个讽刺的利箭投射到大众中间，便引起热烈的鼓掌和哄堂的笑声。

　　不知什么时候，屋子里添进了那么多的人。偌大的一座讲堂是挤得水泄不通了。连窗子上面都爬着挟书本的学生。

　　演讲是在热烈的空气中宣告了成功。在散会以后，大夏大学马上成立了一个新的文学组织。

　　这当然是鲁迅先生抱病演讲的功绩。

　　……

——《忆鲁迅》

从这个具体的例子看来，理论性的说话，还是需要技巧的，主要是讲群众所要听的，所能了解接受的。鲁迅在演讲和上课堂的时候，一样地捉住听众所需要的，朴素地用语言传达出来，随时加以分析，而又能驳掉别人的谬误见解。自己的例证，又是浅显易懂，为人们日常生活中所已知的，绝不用深奥的大道理迷惑人。每每在几分钟之内，就掌握了群众的思想，获得了伟大的胜利，而工作也借此开展了起来。如大夏大学的文学组织的宣告成立，就因鲁迅能够体会党的政策，把高度的思想性、政治性用浅显通俗的语言说出来，因而直接发生了良好影响。当时上海进步力量的不断发展和左翼团体的纷纷成立，都是在党的领导下，分别起着教育群众，联系群众的作用的。在困难的情况下，点滴收获是不易的。开个会、成立个团体也是不易，因此更珍惜这个会的能够开成，鲁迅就是能体会这样的精神而去的。

我以听讲者的体会，证实了郑伯奇同志所遇到的情况。鲁迅以朴素的、质直的、不加文饰的说话，款款而又低沉的声音，投向群众，投向四周的空中，使人们亲切地听到、看到他的声音笑貌，先得我心。说出了人们普遍懂得的事物的真理，说出了人们心坎里所正要说出而未能说出的语言。朴素而率直地换得了人们的信任。也像他所写的文章一样，雄辩地驳斥了异端邪说，摈弃了弥漫世间的乌烟瘴气，使听众如饮醇醪，如服清凉散，这种说话，听一百遍也不会厌。

但是谁使他没有发言的机会呢？是黑暗的政治压迫！

他曾经考虑过教书（说话的一种方式）和写作的矛盾，"因为这两件事，是势不两立的：作文要热情，教书要冷静"（见《两地书》：第六十六）。鲁迅到上海之后，果然辞去教书，专心一致地做编写的工作了，成就是比较大的。看他末期十年的写作，是较之头二十年合起来还多到不止一倍，就可以证明。然而毕竟使我们感觉到减少了讲话，是多么可惜！听过他讲话的人们不会忘记，无论在北京、在厦门，或在广州，他的讲课都是那么吸引人，以致别科别系的学生，或校外的学生，都一致地津津乐道听过他的课，而且在每个地方都一样地得到热烈拥护，其中必定有道理存在着。

他干脆、守时刻，走到讲台上就打开包袱。那黑地红色线条的布包，为他所热爱的代表钢铁与热血的两种色彩的包裹，无异把他坚定如铁、热情如火的整个人生展示给大众。他一点也不浮夸，他的包里什么都有，就是没有些儿虚假。不太多也不太少地用秤称出来；货真价实，童叟无欺地讲出来了。脸上的两只亮晶晶的仁慈面坚定的眼珠子，就好像洞察一切地扫射出来。他又何必点名呢？（以前学校上课一开始是点名报到的）横竖一个也不会少，连生病的人都不愿缺席，除非起不来了才会告假。他到过的学校都是这般情景！

他是严峻的，严峻到使人肃然起敬。但转瞬即融化了，如同冰见了太阳一样，那是他见了可爱而有希望的青年们。讲到精采的时候大家都笑了。有时他并不发笑，这样很快就讲下去了。到真个令人压抑不住了从心底内引起共鸣的时

候，他也会破颜一笑，那是青年们的欢笑使他忘却了人世的
许多哀愁。

他那爽朗松脆的笑声，常常是发自肺腑中，在无拘束地
披诚相见的时候；更加是在遇到可以与言，或知己的时候；
痛快地，对自己的命运、世界的前途都感到有不可动摇的信
念，完全了解了自己也相信了对面的人的时候。这种情况不
多遇而也确乎遇见过，像他和瞿秋白同志见面的时候，就有
这样的炽烈而明快，灵魂的深处有着不可制服的力量的样子
的，释然于怀的欢笑爆发出来。多难得的遇合、相逢呀！在
那个时候。

在讲课中，比较为众所知的是讲《中国小说史略》，听
过的人比较多，也许讲的内容大略相同而未必全然一致。但
总之，听者都满意了。我是听过两次的。一次是做学生时候
在课堂上听的；另一次是旁听：他用日语讲给增田涉先生
听的，我算是学习日语之助的旁听生。那是在 1931 年的时
候，我们生活上永不会忘记的刚刚经过柔石等人被害之后，
我们才从避难的旅舍回家不过住下了一个多月，也就是 4 月
11 日，从增田涉跟着内山夫妇来到我家里吃晚饭认识起，
从此增田君每日下午都来。有时讲课之余，鲁迅往同文书院
讲一小时的《流氓与文学》是同他去的；也曾带来另一位日
本朋友，这时就会谈至晚上才行分散；或者一同往电影院，
展览会；有一回还看不终曲而去的歌舞团演出。又或兴之所
至，晚饭后我们忽然跑去跳舞场的池子旁坐着看一阵子的跳

舞。从多样性的、并不枯燥无味的生活中，朋友般地这样度过了几个月，在鲁迅生活上是难得的。到 7 月 17 日的下午，日记只那么简单的几个字："为增田君讲《中国小说史略》毕。"而在鲁迅却是为一个不认识的青年，就每天用去大半天的时间，为他做讲解工作，详尽地、无私地给予文学上的帮助。这时杂野先生的印象活跃在他的脑海：为文化交流，中日人民的友谊而服务是值得的。这里看到鲁迅帮助青年的热诚，有似园艺匠人为中国的佳种获得新的移植而愉快欣慰的心情，是无可以言语形容的。增田君是从日本盐谷温先生那里学过《中国小说史略》的，从他更加了解，盐谷的教材取自鲁迅，而不是如陈西滢恶意污蔑所说，是鲁迅"盗取盐谷"的了。

当我自己在课堂上听着讲《中国小说史略》时，也许我们听讲时的程度低，仅止体会到以下一些也难说。鲁迅对我们讲《中国小说史略》的时候在早期，那时的书还刚刚在北大第一院的新潮社出版，我们就人手一册地拿这分装成上下册的《中国小说史略》做课本了。讲前三篇的时候，因为课本还没有印出，就用中国的油光纸临时印的，现在手边没有了。但那上下册的两个课本，还在身旁，就从这引起我的一二回忆，以告没有听讲过的读者。但也只是一鳞一爪，未必完整的。如第四篇《今所见汉人小说》，他明确地指出："现存之所谓汉人小说，盖无一真出于汉人，晋以来，文人方士，皆有伪作，至宋明尚不绝。"大旨不离乎言神仙的东方朔与班固，前者属于写神仙而后者则写历史，但统属于文人所写的一派。《神异经》亦文人作品，而道士的作品之不同处则带有恐吓性。有时一面讲一面又从科学的见地力斥古人的无稽，讲到《南荒经》的蚘虫，至今传说仍存小儿胃中，鲁迅就以医学头脑指出此说属谬，随时实事求是地分析问题。在《西南荒经》上说出讹兽，食其肉，则其人言不诚。鲁迅又从问路说起，说有人走到三岔路口，去问上海人（旧时代），则三个方向的人所说的都不同。那时问路之难，是人所共知的。鲁迅就幽默地说："大约他们都食过讹兽罢！"众大笑。《中荒经》载西王母每岁登翼上会东王公。鲁迅说："西王母是地名，后人因母字而附会为人名，因西有王母，更假设为东有王公，而谬说起来了，犹之牵牛织女星的假设为人，乌鹊填桥成天河，即与此说相仿，为六朝文人所作，游戏而无恶意。"他随即在黑板上绘出中央一柱状为"翼"、东王公西王母相遇于中央的状况，更形象地使人们破除了流传西王母故事的疑团。谈到《十州记》，亦题东方朔撰，但中有恐吓的话，故鲁迅疑为道士所作。其中宫室有金芝玉草，服食有龙肝凤肺，居住有仙宫，都是道士特意写的，与常人不同。又如武帝时，西胡月支献香四两，烧于城内能起死回生，于是信知其神，"乃更秘录余香，后一旦又失之"。已经是故神其说，从空想的香的不是凡品，又入到事实上以坚人信：如果厚待月支使者，则"帝崩之时，何缘不得灵香"，是道士怕人不相信，故为此语。这都是他随讲解而分析的。关于"金屋藏娇"原出于《汉武帝故事》，他四岁时，人问欲得妇否？答以欲得，指左右百余人，皆云不用，末指阿娇好不？乃笑对曰："好。若得阿娇，当作金屋贮之也。"后人移用于纳妓，说是"金屋藏娇"实乃大误。

鲁迅讲书，不是逐段逐句的，只是在某处有疑难的地方才加以解释。如说到《汉武帝内传》时，他首先讲出：故事是文人所作，内传则为道士所作。道士是反对佛教的，而《汉武帝内传》于王母降临的描写则多用佛语，字句繁丽，而语则似懂非懂，以迷惑人，属于神秘派之类。其中之句如"容眸流盼"的容是指颜面，颜面如何能流盼呢，不是不通就是多余的字了。大约古人作文之法有秘诀：一为省去"之乎者也"等字，一为换成难解之字，也就是以似懂非懂的字句来迷惑人。又多用赘语，如"真美人也""真灵人也"，灵与美究有何分别？用了许多不可测之字和语，如骂人曰牛曰马，人易了解其骂我为牛为马，因明白易懂。如果换了猹、喳来骂人，则比较难于认识，至多体会为加犬旁则大抵以兽类骂我，但口旁的喳字，则究竟指的什么东西呢？恐怕连字典也没有这个字，无从索解，使被骂的人，也觉得因不懂而心中不安。古文难测，其弊多在此，神秘派之秘也在此。

又，古时席地而坐，西王母如何坐？武帝跪拜又是什么样的？现在恐怕很多人不大了解了，鲁迅深通字体变迁的历史，他用很简单的方法写出来，就让人一目了然了。如

跪 = 𝌏，拜 = 𝌏，坐 = 𝌏，这就是古代人日常席地坐起的方式。

杂载人间琐事的《西京杂记》，是与历史有关而正史没有记载的，如吕后之杀赵王事（如卷一）；有似考据语，令阅者恍以为真，实作者故作神妙的（如卷三）；又齐人弹琴而能作单鹄寡凫之弄；武帝以象牙为簟，都在有无不可知之列，是足以令人疑信参半，是作古小说的人写下"空中楼阁"的妙手秘诀。

照这样讲解了字句，当时文章流派，内容的荒诞与否，可信程度如何？都在书本之外，逐一指出，使人不会因读书而迷信古人，是很重要的。

"巫风"到汉末而大畅。鲁迅在讲到第六篇《六朝之鬼神志怪书》时说，拜鬼属于迷信，人们划出阴阳二界，以为阳界属人，而阴界属鬼，写人以"传"，写鬼以"志"，既信有鬼则烧纸物等，成为纯消耗性的，于国民经济有关的，影响实是不浅。

又如《太平御览》载："武昌新县北山上有望夫石"，鲁迅为之分析：是属于拜物教的以无生物为有生物，附会生说的。又或人与动物不分，二者常交互变易，都是妄说。这就教人读古书而应加以区别看待。

释典，天竺故事之流传世间，在印度讲出世，是说作人诸多苦恼，不好。但佛教经典也无非说说而已，即在印度本土，亦不能尽人实践，这是揭开佛说连印度也不能普遍遵行的情况。

《唐之传奇文》中谈到元稹的《莺莺传》，其后来的各自分飞，张生解释为"大凡天之所命尤物也，不妖其身，必妖于人"，因而舍弃莺莺，社会上（时人）多许张为善补过者云。鲁迅于讲解时，不以为然，他同意有人说《会真记》是写的元稹自己的事，目的在辩护自己。是属于"辩解文"一类，不是为做小说而做的。

从《会真记》鲁迅又谈到中国人的矛盾性。他说：中国人（指旧文人——作者）矛盾性很大，一方面讲道德礼义；一方面言行又绝不相关。又喜欢不负责任，如《聊斋》的女性，不是狐就是鬼，不要给她穿衣吃饭，不会发生社会督责，都是对人不需要负担责任。中国男子，一方面骂《会真记》《聊斋》；一方面又喜欢读这些书，都是矛盾性存在之故。

李公佐《古岳渎经》所写无支祁的形状："善应对言语，辨江淮之浅深，原队之远近。形若猿猴，缩鼻高额，青躯白首，金目雪牙，颈件百尺，力逾九象，搏击腾踔疾奔，轻利倏忽，闻视不可久。"鲁迅认为它是孙悟空的雏型。在第九篇《唐之传奇文（下）》中，鲁迅说："明吴承恩演《西游记》，又移其神变奋迅之状于孙悟空，于是禹伏无支祁故事遂以堙昧也。"追源无支祁说成立之故，据鲁迅说，有山下而面临水之处，适山下有大铁链，则文人为之附会其说，谓大铁链后必有被锁的东西，这东西又必是怪物的才被锁，而能伏怪物必是了不起的人物。这人物是谁？则首推大禹，因禹治水故，层层推想附会而成故事。

关于传奇，鲁迅批评宋不如唐，其理由有二：（一）多含封建说教语，则不是好的小说，因为文艺作了封建说教的奴隶了；（二）宋传奇又多言古代事，文情不活泼，失于平板，对时事又不敢言，因忌讳太多，不如唐之传奇多谈时事。这一分析，对我们学习很有帮助，所以听讲的时候，觉得对书本以外的实益获教不浅的。

到第十四篇《元明传来之讲史》，讲到宋江故事时，鲁迅说，小说乃是写的人生，非真的人生，故看小说第一不应把自己跑入小说里面。又说看小说犹之看铁槛中的狮虎，有槛才可以细细地看，由细看推知其在山中生活情况。故文艺者，乃借小说——槛——以理会人生也。槛中的狮虎，非其全部状貌，但乃狮虎状貌之一片段。小说中的人生，亦一片段，故看小说看人生都应站立在槛外地位，切不可钻入，一钻入就要生病了。他这种对待古典文学的态度，在今天看来，也是很正确的。

这个观点，在当时各种庸俗、荒诞小说麻醉青年灵魂的时候，尤有着非常清醒头脑的作用。这里鲁迅教导我们，不但看小说，就是对一些世事也应如看槛中的狮虎一般，应从这里推知全部状貌，不要为片段状况所蒙蔽，亦犹之马列主义教人全面看问题一样道理。所以虽说是讲《中国小说史略》，实在是对一切事物都含有教育道理，无怪学生们对这

门功课，对这样的讲解都拥护不尽，实觉受益无穷。大家
试想想：有谁从讲解中能广博到这样，把一个大道理，从文
艺、狮虎、槛的比方，来了解一切事物的真理呢？鲁迅的
讲学，他的说话，和演说时的讲话风格虽不同，精神则是一
致的。

四　北京时期的读书生活

《呐喊》自序里有这样的字句：

> 叫喊于生人中，而生人并无反应，既非赞同，也无反对，如置身毫无边际的荒原，无可措手的了，这是怎样的悲哀呵，我于是以我所感到者为寂寞。

这是有志于反抗、热爱自己国族的人们所共同具备的遭了挫折，抚摩着伤痕，而周遭的人多是如梦未醒的悲哀。而从事文学者尤感锐敏的刺痛了他整个心灵，也就是鲁迅所说的"这寂寞又一天一天的长大起来。如大毒蛇，缠住了我的灵魂了"。

这是多么可怕的遭遇啊！这时一般中国人民被压迫蒙蔽得懵懵懂懂，他还自在抄古碑以麻醉自己。《新青年》救了鲁迅的寂寞，鲁迅潜伏在内心的激情因堵塞而感到不舒适的

"无端的悲哀"，通过《狂人日记》《孔乙己》《药》等的陆续发表而走向正道，如山洪的趋向沟壑，有了归趋。这正是鲁迅所需要的。

在前进中鲁迅也还不免摸索着，步步为营地走着，从他接触的事物中寻求着。一个战士的养成，一方面要靠现实的锻炼，一方面要他自己善于从历史中吸取有益的教养。现在我试从他当时的生活和所阅读的书籍中探寻一些他的思想线索，未必能够准确说明问题。姑且就我所知试试吧：

1912 年（《鲁迅日记》开始的一年）5 月初到了北京，就职于教育部。时部中工作尚未就绪，鲁迅住在宣武门外的山会邑馆内，因长途劳累，到后似觉感冒发热，但发热的第二天，就到部视事了。首先使他感到失望的是："枯坐终日，极无聊赖。"这是当时教育部的情况。一直继续着无聊赖的工作，使鲁迅得暇阅览一些书籍，如《中国名画集》、作家文集、金石拓片，及"补绘《于越三不朽图》阙叶三枚"。也做了关于《美术略论》的演讲，因这时蔡元培长教育部，鉴于新思潮起，人们破除迷信，乃提倡以美育代宗教。鲁迅在教育部社会教育司任职，盖奉命演讲。然而，就此亦可窥见鲁迅平时浏览图书之广泛，才能胜任得了。其时，鲁迅初到北京才不到两个月，留心历史掌故，就借得《庚子日记》二册阅览，但不能满意。"读之，文不雅驯，又多讹夺，皆记'拳匪'事"，鲁迅从文字的不"雅驯"与"讹夺"，予《庚子日记》以批判，更进一步看到这位作者的思想不对头。

义和团事件，是人民热爱自己的祖国，反对帝国主义和封建主义的一种革命运动，是对于压迫我们的异国异族起来反击的勇敢行为，而当时一般人称之为"拳匪"。鲁迅于此发生疑问，探讨真相，但书本上的纪录却令人失望，感到不满；又向当时目睹现状的友人了解，由于被询问的人有着局限性，因此也未能彻底弄清这一事实的真相，这是一种不读死书的明证，也就是他不会被书本的错误思想所误的表现。

旧社会因人施政，一个部长的任免，关系到他这个部的一切行动，例如"美育"的提倡，是以蔡元培为首的，所以他当部长就在部内设"夏期讲演会"要鲁迅讲述《美术略论》。首次讲演在 6 月，"听者约三十人，中途退去者五六人，到 7 月 5 日，第三次讲演的时候，鲁迅如期到会，而"讲员均乞假，听者亦无一人"了。原来 7 月 2 日，蔡总长第二次辞职的消息已经被众知晓了。到 7 月 12 日，《鲁迅日记》中写着很愤慨的字眼："闻临时教育会议竟删美育。此种豚犬，可怜可怜！"这就是主持教育会议的人也不再考虑美术的必要了。到 7 月 15 日，果然揭晓出来："下午部员为蔡总长开会送别"，例行敷衍的表示一番，至于内幕如何，历史家另有考证，这里不必细说了。《鲁迅日记》仅写"不赴"二字，以表示自己的态度。后来 1913 年又以公报性质刊出鲁迅以周树人署名发表的《拟播布美术意见书》。其实，这也不过是做些美术的启蒙工作而已。至于拿现在的眼光评衡美育代宗教问题，则是有待商讨的，不过鲁迅从少至长，爱好美术，自己颇有领会，作为文学、艺术中的一面，亦有他的一种看法，然当时执掌教育行政的人们，则除了蔡元培，其他更不足与语了。

1912—1913年，这时刚刚推倒满清统治，民主革命（旧）初获胜利。时鲁迅才不过三十二三岁，正应朝气勃勃，大有所为的时候。而一接触到现实，则全不是那么回事。以蔡元培的老成持重，兼容并蓄的胸怀，到京未两月而宣告辞职。范源濂继任不到半年，就由一个当过海军总长的刘冠雄来当教育总长。其对于业务的外行，是不难想见的，奇怪的是委任这种人掌管教育的无知。鲁迅在1913年3月到部听了这位部长的演说，批评他"不知所云"。后来连次长董恂士亦不耐与之合作，到4月即告辞职。这一辞职，连总长也迫得于5月辞去了。到9月才换来一个汪大燮任总长，而这个汪总长也并不怎么高明，就在这月28日孔子诞辰，演出了一幕复古的丑剧，鲁迅记其始末如下：

> 昨汪总长令部员往国子监，且须跪拜，众已哗然。晨七时往视之，则至者仅三四十人，或跪或立，或旁立而笑，钱念敏又从旁大声而骂，顷刻间便草率了事，真一笑话……

教育部的怪状，是我们今天的读者再也料想不到的。鲁迅的记载，不过寥寥数语，间或不言，而其内心抑郁，甚至积郁成疾，当是令人有难于忍受的。然而黑暗势力更加浓厚了，1913 年 10 月，袁世凯篡夺了孙中山革命的成果，在北京爬上了大总统的宝座。鲁迅在 10 月 10 日只写了"午闻鸣炮，袁总统就任也"几个字，不置一辞，盖茶楼酒肆，早已暗探密布，张网待投。但鲁迅却不能已于言，在这之前的袁氏酝酿登位的 10 月 1 日这样记着：

> 夜抄《石屏集》卷第三毕，计二十叶。写书时头眩手战，似神经又病矣。无日不处忧患中，可哀也。

在黑暗统治下面，教育部无大事正事可做，一些例行公事，鲁迅又以敏捷速度处理了。鲁迅不肯放过分秒时间，所以就大量写书和读书，因多属古籍的阅读，而自己又没有优裕的力量来购置各种善本，所以自己就抽出许多时间来抄写书。如 1913 年 3 月 5 日："夜大风。写谢承《后汉书》始"，直至同月 27 日才记着"夜风。写谢承《后汉书》毕，共六卷，约十余万字"。28 日：又"写定谢沈《后汉后》一卷"，29 日："夜写定虞预《晋书》集本"，至 31 日："夜写虞预《晋书》毕，联目录十四纸也"。在 10 月 15 日，他对《嵇康集》校勘工作开始了："夜以丛书堂本《嵇康集》校《全三国文》，摘出佳字，将于暇日写之。"19、20 两天晚上都是校《嵇康集》，20 日晚且记着："夜校《嵇康集》毕，作短跋系之"，至于校了之后什么时候"写"《嵇康集》的呢？日记中未有明确记录，只于 12 月 19 日下面写着："续写《嵇中散集》"，则是在这之前已在进行工作，直至同月 30 日，才记着"夜写《嵇康集》毕，计十卷，约四万字左右"。除此而外，在这一年他还写了《石屏集）序目及《石屏集》十卷、连跋二叶总计二百七十二叶，历时八十天（见同年 11 月 16 日《鲁迅日记》）。在 1912 年的书帐后面，鲁迅曾经感慨系之地说道：

> 审自五月至年莫，凡八月间而购书百六十余元，然无善本。京师视古籍为骨董，惟大力者能致之耳。今人处世不必读书，而我辈复无购书之力，尚复月掷二十余金，收拾破书数册以自怡悦，亦可笑叹人也。

在反动的政治高压下面，在周围的人都不愿认真读书的社会中，在视古籍为骨董的环境里面，鲁迅上面所说的那几句话，充分表达了他当时万分凄苦的心情。

综观 1912—1913 年日记，我们至少可以得到两个印象：（一）他在百无聊赖的时候，就抄书消遣。这是应付当时环境的一种方法，是一种无言的愤怒。1927 年 4 月他在黄埔军校讲演时，曾经这样说："有实力的人（指反动统治阶级——作者），并不开口，就杀人，被压迫的人讲几句话，写几个字，就要被杀。"把这一段话用来说明袁世凯等黑暗统治时期是十分恰当的。当时老百姓为逃避不知所犯何罪的无故被虐杀，就只得统而言之地说"莫谈国事"。这就对照出旧时代人们生活的苦恼来了，现在我们不是连小学生都会骂美帝野心狼吗？但在当时，人民是连国事也不许谈的，这使以身许国的鲁迅如何能够忍受呢？（二）鲁迅自以为身体是健康的，其实不然。这一时期，鲁迅正在三十二三岁，身体本应很好，就因为"无日不处忧患中"，所以折磨得他不断"胃痛""神经亢奋""头脑岑岑然""齿痛""头痛身热""咳嗽"等等。我曾经统计了一下，仅以1913年为例，这一年的1、2、3、5、8、10、11、12各月中都有害病的记载。而这些不同的疾病，有时又互有关连的，如用脑多的人易患牙周炎，又兼龋齿，所以鲁迅的齿痛病常常患起来。又，多构思则血集于脑，牙患也影响于消化，而消化力弱了，就影响到整个身体健康。鲁迅的胃病，大概还是因忧思过多，消化不良也是原因之一，但似乎一直没有彻底研究病由。至于咳嗽发热之缘于肺病，恐是早年已感染而不自知，到晚年时，或以为年龄稍长，肺病无碍，故不予警惕注意。窥其逝世前的几个月，一知肺病，即小心翼翼不与妇孺接触，即可知了。在这时期，他是和病痛作斗争，毫不理会，照样工作。有时自己服些药对付过去，非到影响工作，从不罢休的。看他在1912年6月18日的日记："晨头痛，与齐寿山闲话良久，始愈。"1913年1月6日："晚首重鼻窒似感冒，蒙被卧良久，顿愈，仍起阅书。"和10月29日的抱病办公："在部，终日造三年度（辛亥革命后第三年——作者）预算及议改组京师图书馆事，头脑岑岑然。"
的例证，以及平时有病不以为病，还是一样地办公、外出、
接待客人、处理事务，到真个需要休息告假了，还是在寓装
订旧书，或作抄写，就可以看出鲁迅就是这样地利用他一点
一滴的精力，为群众贡献他的一切力量，甚至超过他体力所
能负荷的，直至晚年，生了大病也还是如此。这里我想起解
放军战士，每于自己遍体鳞伤、肢体残损，仍然奋勇当先，
克敌致胜的精神，鲁迅也是以一个战士的姿态出现在我们面
前的。

你说他不晓得有病需要治疗、休养吗？学过医学的鲁迅
是懂得的。老朋友们都记得，在 1917 年 5 月间，周作人害
了疹子，鲁迅是怎样急于替他四处找医生，担心病人，并
且自己请假在医院陪伴看护的。又当 1921 年 6 月，周作人
患肋膜炎在西山碧云寺休养，需要佛书披览，鲁迅就三天两
日地奔走于城乡之间，仆仆于佛书的输送。劳累之余，自己
也患项痛，也大病过一阵。过不几天，又照样地力之奔走
了，真是铁打似的。不但这样，回来还要译稿换钱给西山疗
养的人设法。这就是鲁迅舍己为人的服务态度，他似乎从不
知道休息。据后来医生诊断：他也生过重肋膜炎，但既没有
休养，也没有治疗，就那么对付过去了，其实也就是拖过
去了。

"忧能伤人"是众所熟知的成语了，讲卫生的医生总教
人快乐，而世事蜩螗，"聪明人"是会随流合污的，"傻子"

则不然。鲁迅这时的苦闷彷徨，就是感到弄文学的无力、“最不中用”，而自己又“决不是一个振臂一呼应者云集的英雄”。左右为难，于是乎时时感到病魔缠身了。鲁迅的感触又真多，这时已然如此。人或以为鲁迅自招烦恼，其实，揆情度理，是有可以致恼之由的，但麻木之人，熟视无睹，而鲁迅则当压迫得喘不过气来的境况下，不为屈子之自沉，当如何有所贡献于工作呢？这是他日夕苦思的。且举简而又简的 1913 年日记为例，除了上述忧患而外，身边琐事也无一不令人难于忍受；2 月 8 日：“上午赴部，车夫误蹍地上所置橡皮水管，有似巡警者及常服者三数人突来乱击之，季世人性都如野狗，可叹！”这是在路上人身毫无保障的情况。5 月 5 日：“下午同许季节往崇效寺观牡丹，已颇阑珊；又见恶客纵酒，寺僧又时来周旋，皆极可厌。”同月 18 日：“田多稼来，名刺上题‘议员’，鄙倍可厌。”日本人的名刺，爱在上面罗列着许多头衔，本已司空见惯，以见惯这类名刺的鲁迅，忽而对田多稼的议员头衔的摆出，特觉可厌者，因那时的议员，享有特权，名刺上摆出，大约会见者亦必须肃然，此种摆空架子的态度，鲁迅是觉得讨厌的。那时，社会动乱，军阀混战，人们稍一出门，又会无故招烦恼。仿佛随地荆棘似的旧社会，真不是今日之我们所能想象的。请看，同年 6 月 20 日《鲁迅日记》：“夜抵兖州，有垂辫之兵时来窥窗，又有四五人登车，或四顾，或无端促卧人起，有一人则提予网篮而衡之，旋去。”这是张勋的辫子兵，在徐州一带跋扈骚扰的恶劣状态，行人无如之何的。今天我们日见解放军与人民亲如一家，抢着解除人民困苦的情景，已成习惯，就再不想到这类烦扰之事了。回忆一下，当时鲁迅行路之难，像遭灾遇难似的，两相对照，则知革命给每个人的实益、好处，实在不能以言语传达透尽的了。

鲁迅的日记，过于简略，但也可以从这简略记载中找出不少蛛丝马迹、可资研究的东西。稍加宽泛些看来，当时社会的各个方面就像一面镜子的缩影一样地被反映出来了。

说到鲁迅的读书，我想可以说是厚今薄古，古为今用的。早在1913年，即到北京的第二年，鲁迅就在3月16日的日记中这样写道："下午整理书籍，已满两架，置此何事，殊自笑叹也。"这里看到鲁迅得暇即购书，对于书的酷嗜。另一方面，说明这些书并非他的目的物，即满两架，也等于无书一样，这就说明他一直对当时中国书的态度：一面吸收，一面扬弃，抱着批判继承的态度，是他"拿来主义"思想的最初萌芽。

1912—1913年所读的书，相当广泛，如诗话、杂著、画谱、杂记、丛书、尺牍、史书、汇刊、墓志、碑帖等等，大约是博览的性质。也是"拿来主义"的吸其精华，古为今用的办法。1914年的前四个月，多看些诗稿、作家文集、丛书，小学、碑帖等，有时也间或看一些佛书。到下面的八个月就以大部分时间去看佛学。也就是迷住中国几千年从皇帝以至人民的佛教，鲁迅从这里也来钻研一番它的究竟。这时他看的大约为《三教平心论》《释迦如来应化事迹》《华岩经决疑论》《大乘法界无差别论疏》《金刚般若经》《金刚经心经略疏》《大乘起信论梁译》《唐高僧传》《阿育王经》等，甚多。这些佛书，不但自己看，还与住在绍兴的周作人互相交流地寄书来看，又在十月为庆祝母亲六十寿辰而于南京刻经处刻成《百喻经》。从刻印《百喻经》我们看出，鲁迅是从哲理、文学来研究，也就是从佛书吸取其精华，去其糟粕，处处从滋养着想而介绍给人。因任何一种宗教，其中必有若干可资研究的。信宗教的人以之说教，而从实事求是的态度来对待古代文化的各方面来看，则其中亦不无一些有用的东西。如佛家的因明学中含有的逻辑的思想方法，对思考、辩论有些可取的，鲁迅就毫不客气地"拿来"惟其对古代文化能批判地接受，所以他就能沉浸于中而超拔于外，这就是鲁迅。看他后来（1928 年）到杭州游西湖，知客僧向鲁迅大谈佛学而反被鲁迅说倒、借故离去的有趣情况，就可见鲁迅于此了解的深透了。晚年，有青年徐诗荃亲手抄写《悉怛多般怛罗咒》（见 1934 年 1 月《鲁迅日记》）见赠，并劝鲁迅多看佛书。其意冀以此"超度"鲁迅，免招"闲气"，他对鲁迅的了解实在不够。鲁迅早年曾精研过佛学，1934 年，斗争正在尖锐，正需用现实的、唯物史观的理论纠正俗见，而这点徐诗荃是不了解的，甚至解释不清楚的。因此鲁迅避不与见，或见而不谈。盖此时执着现在而向一切反动事物作斗争的鲁迅，决不是用佛法所能影响的了。这种批判的、从个中深具了解而坚信着的马列主义思想，徐诗荃想以佛学来代替，就是企图以唯心主义思想来代替唯物主义思想，这是鲁迅所不能忍受的。所以后来鲁迅见到徐诗荃简直无话可说。或以为寡情，而不知正所以为鲁迅的不作敷衍，亦是表示他一贯的实事求是的精神。

1915—1916 年，披阅范围仍限于佛经，间杂以造象、画象、拓本，旁及金石文字、瓦当文的研究，墓志、壁画等亦有所浏览。

1917 年，则在墓志、拓片中突露星火灿烂。即书目中呈现出《露国思潮及文学》，那已是他对苏联十月革命开始关注了。

从 1918—1920 年，对碑帖、墓志、造象、拓片，作更深一步的研究，这时他惊叹于汉画象、唐石刻的高超艺术，以为一些人的对碑帖视为奇货作专利想，自己印了几张，就把那印过的碑石敲坏，以独得完整自豪的自私心情，对文化负无穷罪愆。而这批破坏者，仅做到"收藏"二字而已。有一张碑帖，下首就盖以"端方"名字（端方是清朝的达官，并不精研艺术），流落出来，到鲁迅手，鲁迅却与其他碑帖造象等同研究，从拓片择取部分拿来做书的封面，已甚精美，并屡屡说石刻中的许多艺术品不加利用，甚是可惜。即如碑石两旁或上下都有精美雕刻，从此中可窥知那一时期的风俗习尚，对研究社会史、文学史、美术史，都大有帮助。亦即整理文化遗产的一个方面，鲁迅想从这里得到帮助写他的《中国文学史》和《中国字体变迁史》，但未能如愿，现在这一工作只好落到后人身上了。

到1924年，鲁迅阅读方面视野较广阔些。看一些有关美术家的书，如《比亚兹莱传》《师曾遗墨》，还涉及世界名人作品，如法布尔的《昆虫记》，托尔斯泰、陀思退益夫斯基作品及《露西亚见闻记》等书籍。

鲁迅时常对中国古书和当时出版的书籍觉得不满足，而想办法找别的途径，则唯有看外文书的一法。这里也有局限性，因为他曾留学日本，对日文能看、能说、能写，甚为方便，故阅外文书多从日本文转译过来的，有时译者偶有删略，则必对照原文才能了解，而日本文法，和欧洲文学的文法是有所不同，因而总觉得不如能读原文的满意。好在他从学医方面亦学过德文，故亦有较深的了解，《小约翰》就是和齐寿山先生一同用德文本翻译的。在上海时，他曾准备到苏联。大约因为懂得一些外语较为便利，或因马克思和恩格斯是德国人，有心顺便去探访一下这两个无产阶级导师的祖国，所以在上海住在虹口公园附近的时候，自己就每夜自修德文至少有一年，大买一通有关研究德文的字典、辞典和德文书籍，如是经常每夜定出一定时间学习。见史沫特莱女士时，有时亦能用德语对话，史氏还称许他的发音正确呢。其次是俄文，在东京和许寿裳一起学的，但学不多久就停止了，不能用到阅览书籍上。至于英文、法文，则是所知较少，大约还需翻字典或借助他人。好在一般外文（除日文）

都有基本相同的字，所以作为普通翻看，以鲁迅的才智，是不难的。但到翻译书籍，则多以日文为本，于他更觉方便罢了。而日本自明治维新以后，国内学习欧化之风大盛，文学艺术，亦以游学欧洲为荣，故对新思潮的介绍翻译亦较多，中国留学生之往日本的，亦从此得到了解欧洲文学的途径。当十月革命的新浪潮冲击全世界的旧营垒时，日文译者亦风起云涌地争相介绍，所以鲁迅从 1925 年起，就在北京通过日本的东亚公司大量购阅欧洲文学书籍，尤其是苏联革命后的文学书籍。这与时代环境不无关系，因为国内军阀专横，人民生活困苦，鲁迅感到寂寞苦闷，人人寻找中国的出路，探讨问题的症结所在，青年们也办起刊物来了。未名社的产生，就是受了鲁迅的支持和鼓舞的。所以这两年的鲁迅思想，从阅读、写作，以至活动，初步受了苏联十月革命的影响，也就是说，无产阶级思想，在这时已投入到鲁迅的脑海。

1925 年，计其阅读的书籍，大致有这些：《新俄文学之曙光期》《俄国现代的思潮及文学》《新俄美术大观》《革命与文学》等。在这同期，鲁迅主编的《未名丛刊》则出了任国桢译的《苏俄文艺论战》，以及其他一些苏联和俄罗斯文学作品。这些译者都是学生，以其热情，奋勇译作，为中国文艺园地移来佳花，播出革命种子。但他们都是致力译作，而苦于连印刷费也无着的有志青年，与鲁迅并不相识，只因鲁迅一向热爱俄罗斯文学，闻讯大为嘉许，自愿节约生活费用筹措一笔印费，望出完一本书，收回资本，再继续印出。这种惨淡经营，为中国文坛移植新生力量的苦心孤诣，果然在当时打下了一部分基础，现出了一些成绩。这在漆黑的北京当时，欧美资产阶级文化占着大量恶势力时，无异暗夜之点燃明灯，使群众得到一些欢喜，或有所向往。1928年，未名社出书稍多，地位略固的时候，就遭到莫名其妙的封闭，经理人被押解到蒋政权下的南京，反动派演出了一幕摧残新文化事业的丑剧，向未名社实行进攻。

1926年的8月以前，鲁迅还没有离开北京，往东亚公司买书，也还便当，就仍继续读他爱读的新文学书籍，如这一时期读物有：《无产者文化论》《无产阶级艺术论》《新露西亚ハンフレット》（即《新俄罗斯手册》）《无产阶级文学的实际》《新俄ハンフレット》（即《新俄手册》）等书。这里不得不说明的有两点：一是苏联的书籍如果没有到日本人之手，或到了而日本人没有译出，或译出了而没有到东亚公司，都影响到鲁迅的购阅；另外一点是鲁迅在这年的9月以后到了厦门，因为当时厦门还是一个"荒岛"，文化落后，进步书籍与读者绝缘，所以也限制了鲁迅去寻找心爱读物的机会。到年底和1927年在广州，也有同样情况。广州沙面，有一日本商店而不是书店，那还是辞了中山大学职务之后，才偶尔去到的。所以鲁迅在广州，也只能跑跑旧书局，买些古书。比较满意的是跑到创造社去买些新书，但一到国民党反动派进行"清党"屠杀时，这些书看不到了，有似被蒙了眼的最痛苦的时代！在鲁迅来说是极其不幸的，也是和中国人民经历着同一命运的一个受苦受难的时代。

1927 年下半年到了上海，书店多了，书也便利了，内山书店就在近便，阅读理论书也更多了，这时期和以后的读书，这里就不多说了。

五　所谓兄弟

说到周作人，使我回忆起许多情况。鲁迅在休息或与人闲谈的时候，曾经这样说过："我的小说中所写的人物，不是老大就是老四。因为我是长子，写'他'不好的时候，至多影响到自身；写老四也不要紧，横竖我的四兄弟老早就死了。但老二，老三绝不能提一句，以免别人误会。"从这里也可见鲁迅下笔时的字斟句酌，设想是多么周到了。有时茶余饭后，鲁迅曾经感叹过自己的遭遇。他很凄凉地描绘了他的心情，说："我总以为不计较自己，总该家庭和睦了罢，在八道湾的时候，我的薪水，全行交给二太太（周作人之妇，日本人，名叫信子），连周作人的在内，每月约有六百元，然而大小病都要请日本医生来，过日子又不节约，所以总是不够用，要四处向朋友借。有时借到手连忙持回家，就看见医生的汽车从家里开出来了。我就想：'我用黄包车运来，怎敌得过用汽车带走的呢？'"据鲁迅说，那时周作人他们一有钱就往日本商店去买东西，不管是否急需，食的、用的、玩的，从腌萝卜到玩具都买一大批，所以过不几天钱就花光了。花光之后，就来诉说没有钱用了，这又得鲁迅去借债。这种剥削鲁迅的方法，犹如帝国主义者剥削中国劳动人民一样，永无止境。他们的心向着日本，要照顾日商的生意，所以无论什么东西，都由日本商店向他们"包销"。起先，每月收入较丰，因此尚可勉强供其挥霍。但是后来欠薪太厉害，请愿到半夜饿腹步行的辛苦，一家人中只有鲁迅尝到。有时竟只收到很少几块钱，要供他们这种奢侈的用度，怎么能过得去呢？没有法子，只得由鲁迅四处向朋友借债（参看《鲁迅日记》），而周作人在这种情况下，从来都不闻不问的。那时八道湾用着一个总管叫徐坤的。这个人很机灵，很能讨得周作人夫妇的欢喜，连周作人买双布底鞋子，做一件大衣，都是由徐坤从外边叫人来试样子，这就可见徐是事无巨细都一手包办的了。不但如此，徐坤的家眷，就住在比邻，那时鲁迅就看见徐坤把食用的物品从墙头送出。大家知道，鲁迅是乐于帮助别人的，但是他看不惯这种偷偷摸摸的寄生者。因为看得太多，实在觉着不顺眼了，有一次就向管家的信子说出这件事情。信子把徐坤叫来，狠狠地责骂了一顿，但是她不是责骂徐坤的偷窃行为，而是说这件事情"你为什么给他（指鲁迅）看见"！可见，徐坤的行为是得到他们默许的。

又有一回，小孩在纸糊的窗下玩火，几乎烧起来，被鲁迅发觉了，认为应该加以训诫。但这话他们听了却很不舒服，也说"为什么偏给他看见"！仿佛玩火也不要紧，只要不被鲁迅看见就好了。就一般人来说，也没有看到孩子玩火而不加以禁戒的！他们别有脏腑的行动，鲁迅哪里料想得到。也许这些日常琐事，正好为进谗的资料。而周作人视而不见（院子西边有一棵大杏树，开了花的时候，鲁迅说，周作人路过多少天也不知道已经开过花了。鲁迅因此说他"视而不见"的），惟整日捧着书本，其余一切事情都可列入浪费精力之内，不闻不问。鲁迅曾经提到过，"像周作人时常在孩子大哭于旁而能无动于衷依然看书的本领，我无论如何是做不到的！"

鲁迅从日本回国以后，自己教书供给周作人在日本学习，那时周作人夫妇已经结婚，光凭一点公费，无论如何是不够用的，所以鲁迅在《自叙传略》上说："终于，因为我的母亲和几个别的人很希望我有经济上的帮助，我便回到中国来"，这里"几个别的人"就是指周作人夫妇而言。周作人回国以后，鲁迅除了负担全家生活的绝大部分费用之外，连周作人老婆的全家，都要鲁迅接济。从日记上看到，鲁迅在每月发薪以后，就按月向东京羽太家寄款。这还不算，羽太儿子重久的不时需索和他的三次来到中国，鲁迅都有专款资助，甚至羽太第三个女儿福子的学费，也都是由鲁迅每月另行汇去的。后来鲁迅回忆起来说："周作人的这样做，是经过考虑的，他曾经和信子吵过，信子一装死他就屈服了。

他曾经说：'要天天创造新生活，则只好权其轻重，牺牲与长兄友好，换取家庭安静。'"在搬出八道湾以后，鲁迅曾经这样说："我幸亏被八道湾赶出来了，生活才能够有点预算，比较不那么发愁了。"对照以往生活紧张的情况，在搬出八道湾以后，则可以量入为出，并且能够接济一些青年人的急迫要求，这真可以说是不幸中之大幸吧！

周作人的人生哲学，和鲁迅却绝然相反。据说当他知道徐坤的劣迹以后，曾经这样表示：如果换掉徐坤，要他自己去办理一些身边琐事（如自做衣服之类），太觉得麻烦了；要减少许多看书时间，而且自己也办不到，划不来，所以也就随他去了。这是十足的道地的封建少爷脾气：衣来伸手，饭来张口，四体不勤，好逸恶劳。这样说是不是冤枉了他呢？一点也不冤枉。有事实为证：人们只要翻开《鲁迅日记》，就可以看到鲁迅在 1919 年为了全家移居北京，就到处奔走另找房子，在多次看屋以后，最后才找到了八道湾罗姓的。紧接着便是修理房屋，办理手续。鲁迅又兼监修，又得向警署接洽、议价、收契，家具的购置、水管装置等等事务，都落在他一个人身上，房价不足，又四处奔走告贷，甚至向银行纳短期高利借款（大约除了卖绍兴祖屋所得千余元之外，全部费用约四千元之谱）。那末，这一时期，周作人干什么去了呢？原来他在这年三月间就从北京大学请假，和老婆孩子们全家到日本游玩去了，中间曾经一个人回来过一次北京，但过不几天又返回日本了。直至新屋成交之前，鲁迅先另行租了几间房子（因为新屋修理尚未竣工），新居粉刷好了，周作人带着他的家属和其妻舅重久一批人才浩浩荡荡地回到了北京。若说周作人对新屋落成没有费一点神思，那也冤枉了他，他在这方面确曾做过两件事情，一件是他在新屋修理将近完工的时候，曾经和他的家属、妻舅乘马车同游农事试验场后，像地主老爷似的顺道看了一次他的庄园——八道湾；另一件是他去了警局一趟，领回了房契一张。这就是周作人对八道湾新居数得出来的两件大功！

说到房契，这里还有一段故事。鲁迅不自私，原来立房契的时候，不写自己的名字，而准备写周作人的户主名，倒是经过教育部一位同事的劝说，才用了周树人的名字。在卖掉绍兴祖屋的时候，周作人原来就想把这笔款分开来浪用，但被鲁迅坚持不肯，才又用来在北京买屋，以便他们家小至少有地方好住。这是鲁迅为他们设想的苦衷，却被见钱就花不作长远打算的周作人所反对。等到鲁迅被赶出八道湾以后，这时周作人又故态复萌，要把八道湾的房子再卖出去了。风声传到鲁迅耳里，鲁迅为了阻止周作人这个行动，利用他爱财独占的弱点，曾经表示："卖掉是可以的，不过也得要分我一份。"就因为这个缘故，八道湾的房屋才没有被卖出去。这时鲁迅想起了教育部那一位同事的意见，用了周树人的名字就不是那么容易被卖掉的了。因此这事才被搁置了二十多年。待鲁迅逝世，日本帝国主义占领了北京以后，周作人做了汉奸，煊赫一时，他就私自把房契换成他自己的名字，算是他的，以便为所欲为。

在这里，我要提一提周作人的老婆信子其人。这是一个典型的由奴才爬上去的奴隶主。鲁迅在八道湾住的时候，初期每月工资不欠。不够时，就由他向朋友告贷。这样的人，在家庭收入方面是一个得力的人手，这时，当然是要得的。后来，由于欠薪，加以干涉到人事方面，那就妨碍了这个奴隶主的权威，"讨厌起来了"。于是便开始排挤鲁迅。她有许多令人啼笑皆非的事情，《呐喊》中《鸭的喜剧》里不是谈到爱罗先珂先生对鸭的喜欢吗？从母亲那里听到过这样一个故事，爱罗先珂来中国以后，就住在八道湾家里，和他们家人也熟识了以后，他又懂得日语，谈话没有什么不便，于是有时也就谈起妇女应该搞些家务劳动，"也屡次对仲密（周作人笔名——作者）夫人劝告，劝伊养蜂、养鸡、养猪、养牛、养骆驼。"也就类似现在所说的搞副业吧。"有一天的上午，那乡下人竟意外的带了小鸭来了，咻咻地叫着；于是又不能不买了，一共买了四个，每个八十文。"这就养起鸭来了。喂小鸭的光荣任务，首先要找饲料，南方是容易得到的，田边上的小虫，鸭自己就会去寻食。至于在北京家内的水池，什么也不易得到，那就要烦劳徐坤去找。那徐坤却不费事，用高价买来了泥鳅喂鸭（在北京泥鳅较少，故价昂贵），算起来，买泥鳅的钱比买小鸭的钱还要多，这个副业也就可观了。在爱罗先珂先生，或者以为忠言可以入耳，又一次谈家常中谈些妇女应该如何过生活，话尚未完，信子已经怒不可遏，听不入耳，溜之大吉了。而言者因为看不见，还在那里继续不断地说下去。她对朋友尚如此地不礼貌，对家中人自然更要凶悍得多了。据鲁迅说，她刚从日本回来的时候，住在绍兴，那里没有领事馆，她还处在中国人的圈子里，撒起泼来，顶多只是装死晕倒，没有别的花招。但有一回，这一花招却被她兄弟重久在旁看见了，就说不要理她，她自己会起来的。这才把家里人长久以来被她吓得束手无策的戏法拆穿了。但到北京以后，她却不同了，因为那时日本帝国主义正在气焰嚣张的时候，北京又有日本使馆，她便倚势凌人，越发厉害，俨然以一个侵略者的面目出现了。事事请教日本人，常和日本使馆有着联系。鲁迅被赶走后，一有什么风声鹤唳，她就在门前扯起日本旗，改周宅为羽太寓，这也是周作人的奴性十足的表示，信子们唯恐日本军国主义者不侵略中国，日本人来了，对他们很有好处。从这情节看来，鲁迅的痛恨卖国与周作人后来的甘心投日，即其本人的日常接触上，亦各自分野，截然不同的了。

唐弢同志编的《鲁迅全集补遗续编》中，从周作人的日记里抄录了 1901 年 2 月鲁迅题为《别诸弟》的三首旧诗，充分表达了青年时期的鲁迅对兄弟的友爱，其中有这样一首：

春风容易送韶年，一棹烟波夜驶船。

何事脊令偏傲我，时随帆项过长天！

在诗的后面并有跋言云:"嗟乎! 登楼陨涕, 英雄未必忘家; 执手消魂, 兄弟竟居异地!"印证后来鲁迅初到北京期间, 和周作人通讯的频繁(据《鲁迅日记》来往书信都有编号, 前后各有三百封左右), 邮寄书刊的不间断, 人间友爱, 兄弟之情, 怡怡然异乎寻常。鲁迅曾经这样说:"让别人过得舒服些, 自己没有幸福不要紧, 看到别人得到幸福生活也是舒服的!"真是做到"象忧亦忧, 象喜亦喜"的地步。

然而风雨终于来临了。据《鲁迅日记》记载:1923年7月3日, 还"与二弟至东安市场"等处, 但到7月14日, 却是"是夜始改在自室吃饭, 自具一看, 此可记也"。紧接着7月19日, 就是"启孟自持信来, 后邀欲问之, 不至", 周作人亲自送来的信, 是什么样子呢? 在信封外面写着"鲁迅先生", 在里面斩钉截铁地要鲁迅"以后请不要到后边院子里来"! 兄弟的友情终于中断了, 家庭终于决裂了。就这样, 鲁迅在横逆忽来的情况之下, 带着疾病, 到8月2日, 便搬到砖塔胡同去暂住。这期间, 鲁迅又带病到处看屋, 另找住处, 这样到9月24日, 鲁迅大病起来了。当天日记记载:"咳嗽, 似中寒", 第二天日记, 又是"夜服药三粒取汗", 到10月1日, 则是"大发热, 以阿思匹林取汗, 又泻四次", 10月4日, "晚始食米汁、鱼汤", 这样一直到11月8日, 才"始废粥进饭, 距始病时三十九日矣"。

就是生着这样的重病, 鲁迅并没有放弃工作。因为砖塔

胡同房子是租赁的，老母亲初时只来看望鲁迅，后来病倒
在八道湾，也不给医治，跑回砖塔胡同来找鲁迅同去看医
生，病好才回去。周作人家有厨子，大批工人，但母亲的饭
要自己烧。母亲于是哭回鲁迅住处，鲁迅为着老人家要有自
己的房子好安排生活，在非常不安之下，于是又在病中到处
看屋，在朋友援助下，终于在 1923 年 10 月 30 日另行买了
西三条胡同的房翻修以后，于 1924 年 5 月 25 日移住新居。
到 6 月 11 日，也就是离开八道湾将近一年之后，鲁迅回去
搬自己的未搬走的书籍什物。八道湾的老爷和太太们，对于
鲁迅本来是要像挤牛乳似地来榨取的，但他们没有想到鲁迅
不向他们屈服，不但远离了他们，并且又安置了新居，于是
就悔恨交集，多方刁难。当天的《鲁迅日记》这样记载：

> 下午往八道湾宅取书及什器，比进西厢，启孟及其
> 妻突出骂詈殴打，又以电话招重久及张凤举、徐耀辰
> 来，其妻向之述我罪状，多秽语，凡捏造未圆处，则启
> 孟救正之，然终取书、器而出。

后来鲁迅也曾经告诉我，说那次他们气势汹汹，把妻舅
重久和他们的朋友找来，目的是要给他们帮凶。但是鲁迅
说，这是我们自家的事情，别人不要管，张徐二人就此走
开。信子捏造鲁迅的"罪状"，连周作人自己都要"救正"，
可见是经不起一驳的。当天搬书时，鲁迅向周作人说，你们

说我有许多不是，在日本的时候，我因为你们每月只靠留学的一些费用不够开支，便回国作事来帮助你们，及以后的生活，这总算不错了吧？但是周作人当时把手一挥说（鲁迅学做手势）："以前的事不算！"这一次，虽然"终取书、器而出"，但是不能全部拿走是可以想见的。据许寿裳先生的《亡友鲁迅印象记》第十七章所记：

> 在取回书籍的翌日……我问他："你的书全部都已取出了吗？"他答道："未必。"我问他我所赠的《越缦堂日记》拿出了吗？他答道："不，被没收了。"

此书鲁迅博物馆现在尚未收集到手，可见，还有许多鲁迅的书都被周作人"没收"了。这一件事情，鲁迅还对我说得比较简单，后来朋友告诉我：周作人当天因为"理屈词穷"，竟拿起一尺高的狮形铜香炉向鲁迅头上打去，幸亏别人接住，抢开，这才不致打中。至今想起，多么令人气愤。北京沦陷以后，周作人当了汉奸，大权在握，那时鲁迅已经逝世，他便指使当时北京图书馆的几个职员，到西三条去把鲁迅的藏书编成中文、外文、日文书目三本，印出交人带到南京、上海各地的汉奸组织处待价而沽。大汉奸陈群已允全部包下。当时周作人给上海刊物写文章，说他不能南下，因鲁迅在北京的母亲等要他养活。后来当了汉奸，却自食其言，要卖鲁迅藏书度日了。难道做伪督办时，每天家内开几桌饭都说不出的他，就连老人也养不起？明白了这些，就证实他卖鲁迅书的不怀好意了。书目由商人手又到上海，开明书店得知有这一份目录，顾均正先生把这一消息告诉我，我立即抢救，但不敢直说我买，便辗转托人留下全部书籍。但当来薰阁向周作人报告上海已有人要这批书之后，周作人又从中扣起一部分有价值的书籍，仍要照全书原价售卖。这件事情，据说连书商都大不以为然，认为周作人的"道德"堕落到连一个商人都不如了：人家已经整批买下了，你为什么又毫不讲信用地扣起一部分？！周作人的目的显然是借售书之名，行窃取精华之实，并要鲁迅在人民的心目中灭迹。后来信子等人秉承周作人灭绝鲁迅之心意，在这方面也是丝毫不遗余力的。1947年北京西三条封存起来的房子，他们还集合了大小男女和一大批伪宪兵等人到那里去破门而入，搬移用具，接收房屋，气势之凶，连警察也不敢阻挡，幸而被朋友与之理论，经过斗争，才理屈词穷，悻悻而退。

鲁迅活着的时候，敌人猛烈地攻击他，企图打倒他，但是鲁迅在《写在〈坟〉后面》一文里说，他"偏要使所谓正人君子也者之流多不舒服几天，所以自己便特地留几片铁甲在身上，站着，给他们的世界上多有一点缺陷"，后来鲁迅死了，他的遗物遭到了周作人等蓄意破坏，但我们知道人民是要纪念和学习他的决不屈服的硬骨头气概的，所以千方百计要使鲁迅在人民心目中存在，让那些破坏者们的阴谋不能得逞，让他们得不到舒服。

周作人原是资产阶级本质的一个十足的软骨头，不能和鲁迅相比。在北京女师大风潮期间，起先他也曾在鲁迅起草的女师大风潮宣言上同几位教员一同签过名，追随过正义行动。但是等到 1926 年 9 月，女师大被改名为女子文理学院师范部，教育总长任可澄和校长林素园率领警察厅保安队及军警督察处兵士四十人左右，驱赴女师大武装接收，到校硬指徐某为共产党并要当场捕人的时候，周作人便经不起考验，为着保全个人利益，本质毕露，从此就不敢斗争下去了。《语丝》第九十六期那篇《女师大的命运》中，岂明（即周作人）说："经过一次解散而去的师生有福了"，其意即指留下来的人是不幸的，不幸而要幸，流亡生活又不舒服，则惟有顺着当权者的旨意行事，充当统治者的走卒了。鲁迅和周作人走着两条绝然不同的道路，鲁迅奔向光明，而周作人则依附黑暗。在周作人未当汉奸前，在北大投靠胡适肮脏一气时，鲁迅就知道这个人已不可救药。鲁迅曾经说过，他自己跑到南方，接触了革命，看到和学到了许多有意义的东西，受到了很多的教育，如果仍留在北京，那是忍受不了的。但是请听周作人的论调！当时他对人说："我不到南方去，怕鲁迅的党羽（指左翼作家——作者）攻击我。"黑暗的土拨鼠，是见不得光明的，就在这样自己瞎说！过着苟安生活，只知有己，不知有人，以榨取别人，贪图享受为能事的周作人，对他来谈吃苦和革命，诚如夏虫之不足以语冰，软虫之不足以语硬骨气！他甚至公开替秦桧翻案和作辩护，暗骂左派统一思想，说什么"我很反对思想奴隶统一化。这统一化有时由于一时政治的作用……最为可怕"。为要替自己的投降日寇作张本，最后发出谬论："故主和实在更需要有政治的定见与道德的毅力也。"这是 1936 年 7 月写的（见周作人著《瓜豆集》:《再谈油炸鬼》）。其时已在明显地为大汉奸汪精卫和自己叛国开辟道路，和汪贼的主和论一鼻孔出气了。因此当日本帝国主义者铁蹄践踏中国土地，"华北之大已安放不了一张平静的书桌"（见《一二九学生运动宣言》）的时候，周作人就把民族利益抛弃不顾，无耻地做起日伪的高官，拿起血腥卑污的厚俸，变成国家民族的罪人，落得了一个汉奸的末局。

许多读者来信问我："鲁迅为什么被八道湾'赶走'？""鲁迅为什么和周作人决裂？"这都是一般人所不易了解的。我每接到这样的来信，就要分别写回信，答复读者。其实，如前所说，鲁迅从八道湾搬走，和周作人的彻底决裂，完全是不足奇怪的。

鲁迅从少小到壮年，无微不至地照顾周作人。据我所知，鲁迅对自己所接触的人，都是希望他对祖国有所贡献。鲁迅对周作人前期，亦期望他对新文化事业有所努力，但周作人是个资产阶级个人主义者，在《语丝》时期，尚能随大流地反对封建，女师大风潮的初期，尚能在革命群众的队伍中混迹（后来即倒向敌人）。鲁迅一本国事为重的态度，看到周作人的尚有若干因素使新文化事业可以利用，因而把兄弟不和放在次要地位。但是后来鲁迅与郑振铎合印《北平笺谱》遭到周作人的嘲讽；刘半农死了，鲁迅对死者说了几句论定的话（见《忆刘半农君》），也招来周作人的不满。正当鲁迅大病时，周作人在一篇题为《老人的胡闹》的反动文章中，竟把鲁迅与当时投靠日本法西斯主义的一个日本老朽相提并论，暗骂鲁迅"往往名位既尊，患得患失，遇有新兴占势力的意见，不问新旧左右，辄靡然从之，……盖老不安分，重在投机趋时"（见《瓜豆集》278 页）。为什么周作人这样说呢，正因为这时鲁迅已公开表明他和中国共产党站在一起。而周作人却认为鲁迅接受党的领导，是重在"投机趋时"，是"不问新旧左右，辄靡然从之"。不仅态度蛮横已极，而且充分表明了两个人在政治上的分野。这里我所举出的许多关于周作人的事实，其意无非使读者明了其大概。而鲁迅，则着重于从政治问题上、思想问题上去看人的。统观他们兄弟间的悬殊，有如下几点：周作人在利害关键上，以个人为中心；鲁迅则不计较自己得失，完全为了大众。周作人对黑暗势力不敢反抗，最后连自己也倒向黑暗；而鲁迅则是决不屈服，反抗到底。周作人认为日本工业发达，中国战不过日本，最后只有投降；而鲁迅则坚决主张抗日，相信中华民族绝不会灭亡。周作人是软骨头，丧尽民族气节；鲁迅则骨头最硬，不甘屈服。周作人四体不勤，养尊处优；鲁迅则自砸煤块，以普通劳动者自居。凡此种种的重大分歧，在鲁迅生前，从性格上说已经截然两样，到头来终会分开的。

加以周作人老婆完全以一个日本征服者的面目出现，抱着侵略者的态度，凌驾一切，奴役一切。鲁迅何人，对这种恶势力焉能退让？因此，毅然决裂，在人生的长途中，走完了自己光荣的一段，今天看来，这岂是偶然的吗？

在鲁迅活着的时候，周作人是公开表示和鲁迅绝交过的。鲁迅刚刚逝世以后，他又中伤鲁迅，对反动的上海《大晚报》驻北平（当时称）记者发表谈话，说鲁迅先生"以前的思想是偏于消极的，现在变为'虚无主义'者，癖性又多疑，别人的一举一动都疑惑是骂他"。鲁迅死了二十多年之后，我们却看到了《鲁迅的故家》《鲁迅小说里的人物》《鲁迅的青年时代》等书。这使我忽然又记起鲁迅写过的《忆韦素园君》一文最后的几句话：

> 文人的遭殃，不在生前的被攻击和被冷落，一瞑之后，言行两亡，于是无聊之徒，谬托知己，是非蜂起，既以自衒，又以卖钱，连死尸也成了他们的沽名获利之具，这倒是值得悲哀的。

我写这段回忆，无非为了经常被读者问起，现在把这件事情如实地写出来作总的回答（虽然只是一个梗概）。因为这是千千万万研究鲁迅的人们所关心的事情，我有责任把知道的说出来。

六　厦门和广州

当北京"三一八"事件之后，政治还是那么黑暗。我们料想：中国的局面，一时还会不死不活地拖下去，但清醒了的人是难于忍受的。恰好这时厦门大学邀请鲁迅去教书，换一个地方也好吧，鲁迅就答应去了。其时我刚在暑假毕了业，经过一位熟人的推荐，到广东女子师范学校去教书。

临去之前，鲁迅曾经考虑过：教书的事，绝不可以作为终生事业来看待，因为社会上的不合理遭遇，政治上的黑暗压力，作短期的喘息一下的打算则可，永远长此下去，自己也忍受不住。因此决定：一面教书，一面静静地工作，准备下一步的行动，为另一个战役作更好的准备，也许较为得计吧。因此，我们就相约，做两年工作再作见面的设想，还是为着以后的第二个战役的效果打算。这是《两地书》里没有解释清楚的。

抱着换一个地方的想法到了厦门，遇到"双十节"，当时使得鲁迅"欢喜非常"。因为北京受北洋军阀统治了多年，"北京的人，仿佛厌恶双十节似的，沉沉如死。"大凡人对某一件事的看法有了不同，则感情上也自然产生爱恶两种极相反的态度。鲁迅在北京，对过年的鞭炮声也听厌了，对鞭炮有了恶感，这恶感是因为北京的鞭炮声，代表了陈旧腐朽的一面，所以厌恶。而厦门的鞭炮声带来了新鲜希望，所以就"这回才觉得却也好听"，"欢喜非常"了。再看他的比较："听说厦门市上今天也很热闹，商民都自动地挂旗结彩庆贺，不像北京那样，听警察吩咐之后，才挂出一张污秽的五色旗来。"（以上均见《两地书》）从挂旗上，鲁迅判别出自动与被动，觉悟与不觉悟的精神来，说明了北京人民之所以如此，是因为这一面旗代表的是封建军阀的黑暗统治，人民听警察的吩咐才挂旗，是反抗军阀压制的一种无言表示。而在厦门，当时，大革命的浪期，正从南方兴起，人民对民主革命抱有一点希望，那是在孙中山联俄联共扶助工农三大政策影响下来庆祝节日的，所以鲁迅差强人意地认为："此地的人民的思想，我看其实是'国民党的'的，并不怎样老旧。"（引文同上）

同样的"双十节"，在广东，"一面庆贺革命军在武汉又推倒恶势力，一面提出口号，说这是革命事业的开始而非成功"，这原来蕴藏着国共分裂、排斥共产党人的阴谋。看来违反孙中山路线的企图，这时已在萌动了。所以表现在一般人的态度上，并不因打下武汉而特别高兴，自然在庆祝大会的会场上只看到"雨声，风声，人声，将演讲的声音压住"（见《两地书》：第五十五），闹嚷嚷乱哄哄地混作一团。这天我是和学生一同游行，亲眼看到这种情况的。正好上海的《新女性》杂志索稿，就写了一篇《新广东的新女性》投出，说明我在广州看到新女性，还是娇滴滴的小姐式，应付了事的态度多，认真庆祝的少，与"三一八"时北京的女学生奋斗争取达到游行目的的情形迥异，和厦门鲁迅所喜欢的景象也不同。作为窥测气候的一面镜子来说，是令人失望的。

一到广州，听女子师范学校廖冰筠（廖仲恺的妹妹）校长说，是要我担任"训育"的事，这当然就应交出从北京带去的"国民党"关系证件了。在北京我曾加入国民党左派，回广东路过南京时，鲁迅曾担心有文件怕被发现而不安，就是这个证件。但廖校长叫我慢点交出。时因初到，不便多问，这事就此搁起。后来听说邓颖超大姐在省党部工作，想去看看久别了的、景仰的邓大姐，向廖校长打听地址，她又叫我最好不要去，意思是避免新回去的我，不要因为色彩过于鲜明而被国民党反动派注意。对于这些，因是初到，都觉得诧异，以为必是校长过于谨慎。既然这样，就听取了一半，不交证件出去，也就是从此和国民党断了关系。后来才晓得，国民党内部是如此复杂，大别之有左右二派，派中又有无数小派，无怪廖校长叫暂不要去报到了。若一旦错与右派联系，便不得了，所以不交出去还是妥当的。但要不去见邓大姐，却万万做不到，就暗地里找到省党部，不在；又设法找到她的寓所，见到了渴望已久的邓大姐。叙了阔别之情……谈了许久的话，现时不能一一写出了，但记得还在她那里吃了一顿饭才走的。

后来又见到一位同志，是李春涛。他本来在北京当教授，和杜老（守素）同住在一起。那时许多人都想丢开教书去干革命，彭湃同志首先南下了，接着李春涛、杜老也计划离去。他们两人同住在北京地安门内南月牙胡同，经过同乡介绍，我到过他们住的"赭庐"门也油着红色，表示赤色的思想，但没有遇见一个人。后来在 1925 年 4 月 5 日，在东安市场的森隆见面了，当时还有些什么人一起同席，现在已经记不起来了，只记得他给了我很多鼓励，并约我毕业后回到广东去做事，临别时又选了一本书，说那本书他看过了，还不错。翻开里页，看到写着："广平先生惠存、春涛敬赠"，另一页又盖着"李春涛读书章"，并有他订正补充的文字，具见革命者读书的认真不苟的严肃态度。这次在广州见面，是他以代表身份到广州开会来的，是第二回见面了。他很高兴我真的回到了广州，并且邀请到汕头去，无论教书，做妇女工作，做报纸宣传工作都可以想办法。总之，那面缺人得很。那大约是 1926 年的冬天。后来广东女子师范风潮闹起来了（实际上是国民党右派在攻击廖冰筠校长），一时离不开。到了国民党右派极端猖獗的时候，学校里反动分子非常嚣张，写信恫吓校长，在学校内滋事，校外又和由右派把持的学生会以及相互呼应的青年部有联系，可见事情并不简单，当时已处于暴风雨的前夕。但我以为不管怎样，负责到告一段落的时候，交代得过去才可对得起学校。后来知道各个负责的都另有工作了，就想也卸却仔肩，去汕头应李春涛同志为革命事业多找些人工作的约请，哪晓得这个为革命事业不惜费尽一切苦心的人，在大革命时期被国民党反动派暗害了，在汕头连尸首也找不着。从此中国失掉了一个为革命尽忠的英勇战士，现在手头只留着烈士赠送的一本书，永远纪念他为革命献身的精神，成为鞭策我们工作前进的力量。当时，想去汕头，是为了走向革命，学习到更多的东西，同时，也为了离厦门近一些，与鲁迅呼应较便。但对在厦门的鲁迅解释得不够详细，倒引起他的牢骚来了："我想H.M. 不如不管我怎样，而到自己觉得相宜的地方去，否则，也许因此去做很牵就，非意所愿的事务，比现在的事情还无聊。"在写完这封信的深夜，又添了几句："我想 H.M. 正要为社会做事，为了我的牢骚而不安，实在不好，想到这里，忽然静下来了，没有什么牢骚了。"（见《两地书》：第八十一）这里越是说没有什么，正表明有什么，因此我考虑：同是工作，要自己去闯，可能也多少干一些事，但是社会这样的复杂，而我又过于单纯，单纯到有时使鲁迅很不放心，事情摆在面前，恐怕独自干工作是困难的了。既然如此，就在鲁迅跟前做事也是一样的。这样的想法一决定，就不去汕头了。以后也没有改变这决定。

那时鲁迅已经应了广州中山大学文学系主任兼教务主任

的聘请。我名为助教，实则协助鲁迅和许寿裳先生做些有关教务的准备和生活方面的工作。鲁迅后来撤到白云楼，为的好有一些时间想想写写，自己支配自己的时间。那时郭沫若先生已经去了武汉。鲁迅所理想的文艺运动，是和创造社联合起来，结成一条战线，共同向旧社会旧势力展开攻击；而且作最坏的估计，向朋友述说他的决心："至多不能回北京去。"这表达了鲁迅出京以后，在厦门服鱼肝油等补药的一种积极从事准备另一战役的态度。可惜局势的变化，郭先生等离开广东，联合战线的目的已经不能达到。身边除了许寿裳先生一人之外，并没有可以与言的人，鲁迅深深感到孤独的悲哀。幸而党的领导像明灯一样照耀着每一块土地，鲁迅在此期间，见到了一些党的负责人如陈延年等同志。鲁迅正在考虑如何把党的精神贯彻到工作中去，正在观察各方面的情况，联合更多的青年，突然，4月15日清晨，我的老家人"阿斗"跑到白云楼来，惊慌失措地说：不好了，中山大学贴满了标语，也有牵涉到鲁迅的，"叫老周（鲁迅）快逃走吧！"我急忙走到楼下，看到下面有许多军队，正在集合听调动，仿佛嗅到火药气味，大约就是有什么举动了吧？看看河对岸的店铺楼上，平时作工会办公处的，这时也有些两样了，似乎在查抄。我一口气跑到邓大姐住处，打算告诉她所见所闻，通知她小心些。待到得门前，铁门被拉起走不进去，急忙按了好一阵的门铃，里面出来一个青年，彼此还认识，就把看见的向他说了，大约太显得惊慌了吧，他这时才回答说："大姐已经走了。"我如释重负地回去，叫醒了鲁迅，告诉他不平常的一切。待到下午中山大学开会营救被捕青年的时候，他精神早已有所准备，明知这又是无耻叛变的勾当。学校负责人是公开宣布过带领着学生往左走的，这回却反过来大骂共产党，说这是"党"校（国民党办的学校），凡在这里做事的人，都应该服从国民党的决定，不能再有异言。鲁迅悲愤填膺地力争，坚持营救学生，未获通过。仅有一二人先还似要响应鲁迅的话的，到后来看情形不妥就不开口了。结果力争无效，鲁迅独自宣布辞职。回到白云楼，把经过一一向许寿裳先生细说，气得连晚饭也未进一口。这个血的教训，比"三一八"又深一层了。在孙中山三大政策的旗帜之下，在国共合作得来的胜利之下，这里居然明目张胆地背叛革命，公开血腥地屠杀共产党员和革命青年，有些是失踪，有些是在病床上被扼杀的，这种反常的举动，比北洋军阀还黑暗，不能以常理来推测，无怪鲁迅说"被血吓得目瞪口呆"，认为匪夷所思的意外遭遇了。

困难的是在"目瞪口呆"的局面下还一时不能走出。许寿裳先生6月间已先离去了，鲁迅还在酷热的西窗下日夜执笔做着工作，《野草》《小约翰》《朝花夕拾》《而已集》《唐宋传奇集》等相继编写完成。尽量利用有限的时光，做些文化工作，随时随地都不浪费些许时间，这就是他数十年如一日的工作态度，始终是鼓足干劲地为中国、为青年，贡献他的力量。

许寿裳先生是一个老好人，执正不苟，在与章士钊斗争的时候，鲁迅被非法撤职，他就和齐宗颐（寿山）先生毅然辞去教育部工作以示抗议，凛然有古代义士风格。这回在中山大学，又一次表示他对拘捕学生的愤慨，和鲁迅一同辞职。敌人对待许先生是不同于鲁迅的，立即批准，因为他们准许了许先生的辞职，不致引起学生闹风潮的危险，就毫不客气地这样办了。在许先生呢，鉴于大局的恶劣，以至颠倒黑白，留也何益？与鲁迅同进退，正是凛然大义所在的又一次表示。他和鲁迅，平时有似兄弟怡怡，十分友爱。偶或意见不合，鲁迅就会当面力争，而许先生不以为忤，仍友好如故，有时彼此作绍兴土音说话，说到会心处会大笑。反对杨荫榆的时候，杨说六个被开除学生是害群之马，鲁迅和许先生就私自给我取绰号"害马"，我是不知道的。有一回见面的时候，鲁迅说"害马来哉"，我还摸不着头脑，他们二人却哈哈大笑不已。

待到鲁迅逝世后，因他们从前过从极密，留学日本和在教育部工作，也总是在一起的。我就劝许先生写些东西出来，后来就成为《亡友鲁迅印象记》的回忆录。他这本回忆录，是在台湾大学教书时写的，据说自鲁迅逝世后，许先生在授课时或课外，更多地在谈到鲁迅的思想、学术、文艺、革命的各方面，除整本的《亡友鲁迅印象记》外，《我所认识的鲁迅》里收了不少纪念文字，因此遭到国民党反动派特务们的忌恨，不止一次地警告过他："不要谈鲁迅"，许先生却以为谈谈这些，又不关系到政治行动，而且人已经死了，绝不会惹起问题的。殊不知这就是为革命者宣传的政治活动。许先生的毅然不顾一切的言行，正如鲁迅活着的时候常常说过的："他们对于我的言行，尽管未必一起去做，但总是无条件地承认我所作的都对。"越是在黑暗统治下的台湾，越觉着像鲁迅那样的人逝去的可惜的许先生，就越加爱自动宣传鲁迅的革命精神，终于遭到暴徒的暗杀，可谓以身殉友——真理、正义——的一人了。

鲁迅常批评周作人，生平没有几个真心知己朋友，没有得到很多的诤益。鲁迅自己就很以有几个意气相投的朋友为慰。如与章士钊斗争的时候，许寿裳先生与齐宗颐（即助译《小约翰》者）就抗议章的非法解除鲁迅佥事职务而一同辞职，以及广州中山大学"四一五"非法拘捕、开除学生，鲁迅辞职而许寿裳先生也表示抗议离去，都是一样的精神。

三十五年和鲁迅亲如手足的许寿裳先生，是具有正义感的知识分子，他只是在讲课中提及同一具有正义感的鲁迅而已。然而就是这样的一位老学者，反动的国民党还是不能容许存在。他们这种铲除异己的法西斯作风是多么不择手段！丧尽理性！

经过剧烈变化的时局之后的鲁迅，深深感到"抱着梦幻而来，一遇实际，便被从梦境放逐了，不过剩下些索漠"（见《三闲集》：《在钟楼上》）。其实，我们都是抱着梦幻而来的。当北洋军阀逼到我们走投无路的时候，以为南方革命空气比较浓厚，总会聊胜一筹的。待到了之后，眼看一些假象，在厦门的鲁迅和在广州的我，初时都被假象所迷惑，轻于置信，不免欢喜形于辞色。到 10 月 10 日，鲁迅见到厦门的庆祝会和我对中大的怀有希望都是轻于置信的例子，而没有真正深入到人民生活仍是"旧的"那方面去考虑。尤其在广州大屠杀的当时，其实是很危险的。女师"士的派"（"士的克"是英文 Stick 的译音，意即手杖。当时，国民党右派常常气势汹汹，用手杖打人，故称"士的派"）的学生就亲自到女子师范学校去指名捉同学的（强迫学校集合学生在大操场，被她指名是左派的人就叫出来，最后一齐捉去）。她们起先企图诱我共同反对校长廖冰筠，无效，则转而反噬校长和我是准共产党，共产党就该杀头。如果当时我还没有从女子师范学校离去，则很有可能被陷害。生命实在没有保障得很。而我之再三劝鲁迅去广东，也无非希望对革命的广州有所贡献。当时，广州文艺方面除创造社一些读物外，其他荒芜得很。所以鲁迅又介绍北新、未名的出版物于广州青年，虽然这些刊物没能达到以理论教育青年的目的，但在那时的广州，这种文艺读物已属很不易得的了。其时，芳草街北新书屋是向某青年转租的空房子，两房一厨房，前房摆书摊，后房住人，我就找了一位熟人去，为料理代售书籍的事。那位青年非常信任鲁迅，把房子让出，连同家具一并在内，每月只要代付九元房租即妥。后来，鲁迅打算离开广州，就把书移交给共和书局，结束了代售书籍的业务，仍旧把房屋交还某青年，即算完事。可见这时在广州对我们热心相助者也颇不乏人。

我离开广州十年之后才于 1926 年毕业回去，已是沧桑大变。在当时国共合作下，已有一股反革命潜流正在形成，一到时机成熟，他们就忽而会反脸相向，继之而以屠杀来对付共产党人。这些情况是鲁迅和我都万料不到的，而责任究属我应多担负些。既然郭沫若先生也被迫离去，就可想而知这里已是风雨欲来了。就因为我那时年轻，阅世不深，受政治影响和教育不够的缘故，竭力向鲁迅表示乐观。因此，他之到广州来，论其实际我不能辞其责。在这万难的局面之下，鲁迅从血的教训、残酷的事实里，激起了对阶级思想的深刻认识。认识到"原先是憎恶这熟识的本阶级，毫不可惜它的溃灭，后来又由于事实的教训，以为惟新兴的无产者才有将来"（见《二心集》序言）。

为了新的战斗，鲁迅毅然离开了涉足不满九个月的广州。为了新的胜利，他痛心疾首地离去了当时由革命策源地一变而为反革命策源地的广州。面对着这座由共产党员和革命青年的鲜血所染遍，由反革命刽子手的血手所染污了的城市，鲁迅余怒未息地对我说："一同走吧！还有什么可留恋的！"就这样，我们终于在 1927 年 9 月 27 日离开广州，共同向未来的战斗阵地——上海去了。

七 我又一次当学生

我又一次当学生。而且是专人教授，单独一个人学。教师是精通日文而又尽心诚意、不遗余力地罄其所知以教的鲁迅先生。做为一个有幸在他旁边学习的学生，我共学了一年零五个月的日文。

起因是在 1926 年的 12 月 2 日《厦门通信》谈到的：

> 你大约世故没有我这么深，所以思想虽较简单，却也较为明快，研究一种东西，不会困难的，不过那粗心要纠正。还有一个吃亏之处是不能看别国书，我想较为便利的是来学日本文，从明年起我当勒令学习，反抗就打手心。
>
> ——《两地书》：第八十五

从厦门到广州，鲁迅无日不忙于学校的业务，没有机

会履行他给我教日文的许约，到了 1927 年 4 月国民党进行
"清党"，叛变革命以后，虽则是大家都辞职了，该可以学
习了吧，然而，川流不息的"客人"来侦察，心胸中塞满了
一肚子的愤懑，静不下来，我也没有心思要求鲁迅实现他的
宿愿。

　　到了 1927 年的 10 月里，我们到了上海，经过两个月
的人事往来，生活也稍稍安定了，从 12 月起，我就开始读
书。先是教单字，但并不是照日文教学所排列的字母教起，
而是鲁迅自己编出讲义来教的。教书逐步深入，而又灵活地
每天按时地学习一共自编自教了二十七课。大约在 1927 年
12 月学了一个月，就换了课本。每天都是晚上授课，非常
严肃认真的教着，除非晚上有人邀请，回来太迟了，才在这
一晚上停学。到 1928 年 1—10 月，改换了课本《ニール河
の草》(即《尼罗河之草》)的一本浅明谈论艺术的书，内容
从原始社会讲起，包括埃及的人首狮身，罗马的维纳斯，中
世纪的十字军及文艺复兴，以至新时代的小方块石砌像以及
偶像破坏时代；后来的美术又包括雕刻与绘画；至十五世纪
油绘的发明，十六世纪礼拜堂的建筑；到近代欧洲各国的艺
术，及宗教改革时代等的艺术与近世法国革命后的艺术以及
现代艺术等；凡有关欧洲文化的一些基本知识，都尽量设法
给与一个从事文学工作者以初步认识。这和他一向叫人在文
学之外多得些普通知识，或各方面知识的主张是相符合的。

　　尤其重要的，是他认为每个人必不可少的是马克思主义

的思想，以及这思想对工作的重要性。自从他学习了马克思主义的理论，相信了这个真理以后，就不但用它来"煮自己的肉"，而且也执着地以之教育他周围的人，使真理之火从自己的身边燃起。当时，正是大革命失败之后，白色恐怖极其严重，但鲁迅一经认定马列主义是真理，就不但要自己学习，而且还要宣传，教育别人。所以我的第二个课本，就是日文本的《马克思读本》（神永文三著）。除序文而外，内容共分十讲：一、马克思的生涯及事业；二、唯物论辩证法；三、唯物史观；四、阶级斗争说；五、马克思主义与国家；六、劳动价值说；七、剩余价值说；八、资本积蓄说；九、利润说；十、资本崩溃说。教时，从序文讲解起，于1928年10月30日晚开始，至1929年4月7日止，费时共五个多月。马克思的著作，本来是比较艰深的，再经过日文的转译，其术语和整个句子对我说就更加难懂，自是不难料想的了，但是鲁迅能够深入浅出地说明这些道理，有时把整个句子拆除开来向我讲解，并且随时改正课本上所有的错字，使我听来就明白易懂得多了。本来这是为学习日文而采用的一本课本，但是现在打开这个课本，直如严师在前，不但要我通晓日文，还须了解内里理论的奥妙，那课程的大概内容，它所包含的真理的光芒，以及鲁迅对我讲解这些革命真理时的声态，我还觉得像昨日上课一样地深印脑中。

那时，鲁迅正在主编《奔流》，后来又编《语丝》，此外，又与朝花社中人商量出《朝花周刊》《朝花旬刊》《艺苑朝华》，又为青年校定译稿，答复青年来信，再加上自己写稿，所以每天都很繁忙的，但只要对青年有利，对人民有利，他就不顾一切地埋首做去。时间不够，则夜以继日，努力以赴，对个人与集体都本此精神。即如教我日文，亦何尝不是从这宏心发出，黾勉从事？后来教到《小彼得》，在批阅我试译的稿件之后，更示范地亲自译出一遍，这就是现在收入《鲁迅译文集》里的译本了。

　　学了《小彼得》之后，我因一面料理家务，一面协助他作出版工作，同时不久有了孩子的牵累，就很可惜地停止了学习。更其重要的原因，是我看到鲁迅工作忙得不可开交，连睡眠也顾不上，在 1929 年 3 月 5 日的日记里就写着"通夜校《奔流》稿"。似这等情况，我何忍加重他的负担！我整天在他身旁，忙于琐碎事务，连看一些书报有时也顾不到，学日文势必受到影响的。初到上海的时候，我也曾希望有工作，并请许寿裳先生设法在教育界找事。已经有眉目了，鲁迅知道后，就很为难地说："这样，我的生活又要改变了，又要恢复到以前一个人干的生活中去了。"这话很打动了我，所以立即决定，不出去工作了，间接地对他尽一臂之力，忘了自己，如同我后来写给《上海妇女》的文章中所说的，要做无名人物的心愿，就这样充塞了我的胸怀。虽然我实际没有给予鲁迅以什么帮助，只是有心无力地直至他逝世还是如此。这是客观因素，然而存在我内心当中一直没有告诉过鲁迅的，还有一个主观因素，就是我对鲁迅

的下面这样一段话，一直没有很好地理解，所以才荒废了这
种学习。鲁迅在有一次闲谈中曾经这样对我说，希望我精通
一两种外国文，以后，就可以看他所有的书，租个亭子间住
着，无需去求助他人。今天想来，他这段话的意思也许是有
鉴于当时社会的黑暗，怕我缺乏斗争经验，易犯冒失猛进，
所以用马列主义思想武装我，代我设想，要我一方面对当时
污浊的社会保持清醒的头脑和严正的立场；另一方面，多读
一些书籍，以便对新文化事业多做一些贡献，这正是和他在
遗嘱中所说的"万不可去作空头文学家或美术家"的精神是
一致的。但我却对这段话，在感情上有着一种难以名状的抵
触，以为：在他生前，我协助他，照顾他，这是一件很有意
义的工作，至于在他死后，自不待说，我要继续坚持他的严
正立场，对旧中国的一切反动、落后势力绝不妥协，对革命
事业和新文化运动，将贡献自己所有的一切。但是这些都是
后话，而且"死"这个字眼是一般人很忌讳的东西，为什么
我们就这样过早地来想到它呢？因此，在学习当时，我就未
能体会其心情，没有好好地学习日文。这是我向鲁迅唯一不
坦白的地方，他是不知情的，反而只是诚诚恳恳地教书。这
不中用的学生，真可怜见，我辜负了他，没有在日文上好好
钻研，继续。由于自己的偏见，妄自决定借口家务而废除努
力温习，鲁迅口虽不言，必定以我的疏懒为孺子不可教而心
情为之难受的。这就是我未学完这一课程的不了了之的可恶
态度。

　　自 1927 年底到上海，鲁迅从日文书中阅读了很多马列主义方面的著作。从他教我学习《马克思读本》时能够通俗易懂地进行讲解，并能校正课本中的错字来看，要不是他在这方面下过功夫，是很难做到这一点的。

　　但是鲁迅一贯具备实事求是的谦虚态度，如果不是十分掌握这门科学，他就绝不冒充内行，以不知为知之。比如关于木刻艺术，鲁迅曾屡次提到他在这一方面不是"内行"，但是当你阅读他和木刻家的通信时，就会感到那些见解绝不是一个"外行"人所能说出来的话。1932 年 4 月，鲁迅在《三闲集》的序言中曾经这样写道：

　　　　我有一件事要感谢创造社的，是他们"挤"我看了几种科学的文艺论，明白了先前的文学史家们说了一大堆，还是纠缠不清的疑问。并且因此译了一本蒲列汉诺夫的《艺术论》，以救正我——还因我而及于别人——的只信进化论的偏颇。

　　在这里，鲁迅自己谦虚地承认：他的所以能够接受马克思主义真理，是由于当时一些先进的朋友们的带助。这的确是鲁迅应该感谢的，因为没有严肃的思想斗争，人们的思想意识是很难不断前进的。但是在这里我们也看到鲁迅自己的努力。他曾经说过，他"从别国里窃得火来，本意却在煮自己的肉的"。并且说他翻译的著作"打着我所不佩服的批评家的伤处的时候我就一笑，打着我的伤处了的时候我就忍痛"（见（二心集》:《"硬译"与"文学的阶级性"》)。既是"煮自己的肉"，又是"忍痛"，可见鲁迅在改变自己的世界观的时候，是经过一番努力的。但是由于朋友们的帮助，再加上他自己的努力，他终于最后达到了目的，在知识分子的思想改造方面，为我们树立了一个榜样。

八 内山完造先生

内山完造先生于 1959 年 9 月 19 日到达了北京——他寄予无穷希望的中国首都。一下机场，就喜笑颜开地称赞他解放后第三次到了北京，惊叹于机场的新建筑：短期间建成的堂皇富丽的新型大厦，再经过修整的林荫大道，鲜花簇锦的路旁美景，他高兴得手舞足蹈，有似小孩般地不肯安静，兴奋到了极点。

他以"日中友好协会"副会长的身份，应中国人民对外文化协会的邀请，来参加我国建国十周年的庆典。并拟在中国住一个时期，休养病体的。所以他不是一个人来华，而是携了他的夫人内山真野一同来的。但不幸由于日本政府在签证上给了他许多麻烦，几经奔走才得到签证，这使七十四岁高龄的带着病的老人深受刺激。长途飞行自然也难免劳累，但我方招待人员的无微不至的照顾（在中途郑州曾休息一夜），加以一路上从广州到北京看到的伟大建设，深深打动

了这位老人，两三年的不见，又看到另是一番景象。在酷爱
中国有似他第二故乡的内山先生，今天由于党的一切为了人
民的无比壮观瑰美的努力建设，老人除了极口称赞之外，甚
至向家人表示，死了也要葬在中国的上海。不幸这句话竟成
了他的遗言，竟于到北京的第二天，突然大脑出血，在医院
不治逝世。在党的领导下，中国愈是巩固，愈是加速前进，
就愈会引导他回过头去看看日本。当我1956年到日本去参
加反原子弹大会时，内山先生无日不陪伴在左右，每看到美
帝国主义在日本霸占了极好的地方做它的军事基地时，听到
一个初到异国者称赞其景物美丽的词句时，内山先生总是补
充一句说："好是好，但不是我们自己的了。"听到他这样意
味深长、令人警惕的话语，也就愈益感到他爱祖国的深情，
愈觉得中日友好对拯救世界和平的必不可或缓。他自己更加
积极地致力于两国人民友好的工作。在反动的以勾结美帝国
主义为荣的岸信介政府下，内山先生卓然行其所是，为中日
以及世界的和平贡献力量。他从痛苦的经验觉悟到，这才是
拯救日本的一条道路。这信念始终在他脑海里旋转，不是一
朝一夕。因为他从学校毕业不久就到了中国，几十年在中国
的上海，看到反动统治者对人民的残酷剥削，在帝国主义侵
略奴役下生活的中国人民是什么样子。现在看到新中国人
民真正翻了身，做了国家的主人的豪迈气概，深深地教育了
他，启示了他。因而对日本人民要求对中国友好的行动，更
加坚决彻底地拥护、倡导，更加为中国共产党所领导的国家

前途光明无量、伟大无边的乐观主义精神所鼓舞。听说他临来中国之前，每到一个日本城市，先把新中国建设事业称赞介绍一番，再告诉日本人民：要和中国友好才有前途。这样的话，说了又说，不止一次，甚至兴奋过度，在日本就病了。经过医治了一个时期，稍稍痊可，就应中国的邀请而来了。这是最近、也是最后一次他亲眼看到几十年生息于其间的旧中国，一变而为具有无限光明的新中国，因而使内山先生对能够从事中日友好的事业而感到无比的光荣和愉快。

谁都知道，鲁迅在上海的十年间和内山先生有深厚的友谊。鲁迅在上海的反对反动统治、反对帝国主义的行动，从二十几岁就到中国，见过中国许多变乱奋斗历史的明眼人如内山先生，未必不耳濡目染，而有感于鲁迅的救中国，献身于中国的崇高品格。尽管执业各有不同，以接近的关系而论至少在鲁迅逝世后必大明白了。至少在日本军国主义失败，美帝国主义占领了整个日本，挟持日本扩充军备，再一次以日本人民作炮灰的行为，在七十四岁的高龄、饱经世故的内山先生是一步步深入、一步步更加了解敌人的阴谋的了，这就更加觉悟到：现在的日本如同他所见的旧中国一样，是为反动派与帝国主义所操纵的。在这样环境下生活的内山先生，更积极地拼着生命到处讲演，做两国友好工作，想从此找出解救日本现状的办法，是可以体会的，因为我们是过来人了。

我们在大革命失败以后，于 1927 年 10 月 3 日到达了上海，过了两天，即 10 月 5 日就去到北四川路的一个浅小胡同叫魏盛里的一间日本书店。那是住家兼店面的，在胡同的最后一家。这家书店，似乎一面卖些文艺或理论书，一面是卖些期刊杂志什么的，也有些中国店员或日本店员，这都没有什么关系，鲁迅操得一口满好的日语可以表达意思，可以直接选购要买的书刊。

当开始去到书店的时候，第一次买了四种共四本书，我是同去的。我们的朴素的衣着，并不打动人，鲁迅还似乎带些寒酸相。鲁迅逝世许久以后，据曾在那里当过店员的一位王先生还告诉过我一个有趣的故事：当我们一到店里，他们打量了鲁迅这般模样之后，店里负责的一个日本人向王说：注意看着这个人——鲁迅，他可能会偷书。这是难怪的，旧时代来书店的常有一些很随便的读者，有时内山书店一本很好的书，突然插画不见了。内山的哲学是不要声张，怕因此减少来客。他的书店又相当拥挤，在这拥挤之下失掉一些图书的经验，在这个店内时常会遇到的。补救的方法，只是尽可能地注意，鲁迅就曾经被这样注意过。但出乎意外的是像这样看似没有购买力的人，会忽而选购了一大迭书。这里内山先生回忆他们认识的开始是这样的：

有一天，那位先生一个人跑来，挑好了种种书，而后在沙发上坐下来，一边喝着我女人进过去的茶，一边点上烟火，指着挑好了的几本书，用漂亮的日本话说：

"老板，请你把这些书送到窦乐安路景云里××号去。"

现在，那屋子的门牌我已经忘掉了；当时，我立刻就问：

"尊姓？"

一问，那位先生就说：

"叫周树人。"

"啊——你就是鲁迅先生么？久仰大名了，而且也听说是从广东到这边来了，可是因为不认识，失礼了。"

从那时候起，先生和我的关系就开始了。

——《鲁迅先生纪念集》

事实是，鲁迅头一天到内山书店，并没有见到内山先生。鲁迅买去四本书之后，这是在 10 月 8 日由旅馆搬到景云里寓内的事了，经过了又一次的到书店买书，店员向内山先生报告了这位不寻常的来客，经内山先生有意识地探出是谁之后才招呼起来的。

因为居住的近便，鲁迅每每散步似地就走到魏盛里了。内山书店特辟一片地方，设了茶座，为留客人偶叙之所，这设备为一般书店所没有，是很便于联络感情，交接朋友的。以后鲁迅乐于利用这一设备，几乎时常地去，从此每去必座谈。后来又作为约会朋友的地点，那是在书店搬到北四川路底坐北朝南的一间具有楼房的地方，是比较后来的事了。

记得到过魏盛里几次之后的某一天，内山先生说到郭沫若先生曾住过他的店内。到后来日子一久，了解的更多了，郭先生住在日本，每有写作，寄回中国，都是内山先生代理。内山先生这种为避难的中国朋友尽其一臂之助的高贵友谊，我们很早就知道，而在 1930 年 3 月，鲁迅因参加左翼作家联盟成立大会之后，被人追踪，空气极度紧张时，内山先生对郭先生的这种友谊，也同样用到鲁迅的身上。同样地给予避难场所达一个多月之久。

我们之所以对内山先生有一些了解，是从闲谈中听到内山先生曾经用过这样的话以表明他的态度："就是不出卖朋友的人，在日本人中也有的。"这就无异明白地向鲁迅表示：请你放心，我绝对保障你的安全！我们过细地考察，内山全家连店友在内，对鲁迅的好意确实如此。所以在柔石被捕后，我们住在日本旅店"花园庄"亦是经内山先生介绍的。

在有了这种友谊之后，内山先生也坦怀相见，说出他的身世梗概给鲁迅听了。

原来内山先生在读完书后，和旧中国的学生没有两样，还是失业。他不得已在街头卖报，跑号外。不知怎么一来跑到了中国，足迹几乎踏遍了各大城市，后来又到了上海。他靠在中国卖"大学眼药"为生，在上海又贩卖了严大德堂的脚气病药到日本去。说也奇怪，日本人脚气病多，服了这种药几乎是药到病除。想不到在上海附在茶叶店出售的并不普遍见知于国人的中国成药，在日本如此灵验，内山也因此居留上海。他这回最后一次来中国，是深信中国医生，一定能治疗他的沉疴，到了中国服些中药，就会好起来的。中国医药的见称于世，确为内山所深信不疑，予以无穷期望的。

内山很尊重他的夫人，时常称道内山书店的成立，是靠了夫人之力的，有时甚至谦逊地说，她才是老板。原因是他们都是基督徒，当内山走码头买卖药品的时候，夫人闲着无事，就在寓内摆下铺板，卖些圣经，间或夹杂些妇女月刊、杂志，那是偶尔兼卖的性质，却居然意外成功。买的人一多，杂志生意就做起来了，其他文艺书籍销路也有了。久之，就夺去了圣经的地位，成为不折不扣的内山书店。内山先生就把卖大学眼药的生意，移交给他的亲戚，成为书店老板，这故事他是津津乐道的。

内山书店有两条线在管理着店员：日本店员有一位高级日员管理，凡介绍进来的人，应做职务，应行教育（店里的规矩），都由他负责。中国店员的引进以及一切应该做的，也有中国店员王宝良带领。内山只要通过这两条线行施自己的兴革任务就好了，所以他可以腾出身体做些社会活动、个人交际，有空就在店内工作，从早到晚，每日如此，这些活动似与店不相干又似相干，因凡有交际活动，对店务也有好处，这是不言而喻的了。

例如对鲁迅，他尽了朋友的责任，甚至好友的责任。鲁迅因为避免政治上的迫害，人事上的纷扰，我们的住处是经由内山先生作为中国店员的宿舍去租赁的。房租、水电、煤气都是先交款给他代办的，因之通信往来就不便直接收发，也统由他们代理了。这是生活的一种权宜办法。

内山先生也细心选择，限于几个店员知道我们住处。每天上午，经常由我到店看有没有书信，或下午由鲁迅自己去取。除非我们一个人都没去，到晚上才让店员送来。所以麻烦店员的机会是不多的，但是总难免与书店有关系，所以在1934年8月，又有一次避难，是因为内山书店的某店员被捕，鲁迅为慎重起见，躲藏了一个时期，就住在千爱里内山先生的家里。

再就是约会。鲁迅每于约定前先到店内等候。简单的，不妨事的就在店内茶座相见了。稍费时间的，或须守秘密的，就别找地方，陪去别处。或鲁迅自己领去附近咖啡店，亦有时在书店后面的千爱里内山先生家内会面。这些多式多样，视情况而定，无非都为了避免引起注意，比较得到安全而已。这是对鲁迅给予便利，对革命工作有好处的，我们深致感谢于内山先生的，为中国做了好事，不会忘记的。内山先生住在上海时期，曾经写过《活中国的姿态》这样一本书，对中国有所称赞，站在内山先生的立场，对中国加以称赞也许是应该的，但鲁迅却感到在中国没有取得解放之前，这是不行的，因为这么一来，"不但会滋长中国人的自负的根性，还要使革命后退"，因而在为他的这本书所写的序言里明白地说道：书里面"有多说中国的优点的倾向，这是和我的意见相反的"，说明这点，在解放前的当时是完全必要的。

内山先生不仅只是用经营书籍的方法，便利了中国和外国的文化交流，而且对鲁迅提倡美术、木刻等艺术事业也极力赞助。鲁迅曾和内山先生几次合作，开过版画展览，取得了一定的成果。在当时，含有革命性的木刻不能集中展出，就分别插在其他国家的版画中展出；又因不能在明显的地方举行，有一次就在内山先生的家中（千爱里）举行。这些，都给中国革命文化事业提供了方便。

"来而不往非礼也。"鲁迅有时也替内山做些工作。例如鹿地亘夫妇被日本政府释放后，搭戏班的船到了上海，在生活感到困难的时候，找到了内山。内山先生首先就想到鲁迅，介绍他见面，叫他翻译中国作品到日本去，得些稿费以维持生活。于是选作品，解释疑难之处的工作，就落到鲁迅头上了。更早些的增田涉，也是内山夫妇亲自带到家里，向鲁迅介绍认识的，自后每天为他讲解《中国小说史略》，进行了几个月，回到日本之后，又经常为之代选书籍，解释疑难问题，充当义务顾问，使增田先生成为中译作者的颇负盛名的一人。其他如日本歌人山本初枝女士的认识，以及无数的日本朋友的往来等等，多数都是通过内山先生的介绍而来的。

内山先生以一个商人，一个书店老板，在中国做生意。因着生意关系，鲁迅向内山书店购置了大量图书，有时甚至并不需要，可有可无的书也特地换置了，以增加书店的营业收入，鲁迅是这样苦心满足内山的要求，为商人的生意设想。而在生意之外，有些社会活动，对中国文化人可以有些友谊的增进，自然同时也提高了内山先生的社会地位，这一点，鲁迅是理解的。中日之间，人民的友谊是可以在平等互利的原则下往来的，鲁迅本着这样的原则想了，而且照着去做了。

在 1932 年上海"一二八"战事发生的时候，我们住在北四川路底的公寓里，正是面对着当时的日本海军陆战队的司令部。当 28 日晚鲁迅正在写作的时候，书桌面对着司令部，突然电灯全行熄灭，只有司令部的大院子里人头拥挤，似有什么布置的要发生事故的样子，我们正疑惑间，突然看见从院子里纷纷出来了许多机车队向南驰去，似衔枚疾走的匆促紧张，未几就隐隐听到枪声，由疏而密，我们跑到晒台上，看见红色火线穿梭般在头顶掠过，才知道子弹无情，战事已经发生了，急退至楼下，就在临街的大厅里，平日鲁迅写作兼睡卧的所在，就是书桌旁边，一颗子弹已洞穿而入，这时危险达于极点。到 30 日天才微明，大队日军，已嘭嘭敲门甚急，开门以后，始知是来检查。被检查的我们，除了鲁迅一人是老年男子以外，其余都是妇孺，他们当即离去了。

但跟着内山书店的日本店员也来传达内山先生的意思，据说是这公寓有人向日本司令部放枪，这里只住有我们一家中国人，其他都是外国人。而每层楼梯都有窗户，就难免从这些窗户再有人来向外放枪，那时我们的嫌疑就无法完全免除，不如全行搬到他书店去暂住一下。

在这样形势之下，30日下午，我们仅仅带着简单的衣服和几条棉被，就和周建人家小、女工连同我们共十口人，挤在书店的一间楼上。女工、小孩和大人一起过着几个人挤在一起大被同眠的生活，窗户是用厚棉被遮住的，在暗黑沉闷的时日里，度过了整整一星期，到2月6日旧历元旦，才得迁避到三马路内山书店支店里去。

住在北四川路内山书店的时候，我们看到书店中人们忙乱不堪。我们呆蹲在楼上斗室中，照顾着孩子们不声不响，不哭不闹地度日如年。而耳边的枪炮声，街头沙袋堆旁边守卫的踱步声，因着人声的静寂，反而历历可闻了。我们在自己的国土上，饱尝了侵略者加给我们的窒息难忍的压迫。大家都默默无言的，然而又互相领会其情地过着日子。这种难以名状的情绪，时时纠缠在一起向心头猛烈地袭来，真是不好过极了。

内山曾经把被捕释放的左翼作家鹿地亘夫妇介绍给鲁迅，并介绍爱好文学的青年增田涉、改造社的社长山本先生以及歌人山本初枝女士等等和鲁迅见面，但也有当时的日本御用诗人如野口米次郎之辈通过内山来求见鲁迅的。在那次见面的时候，野口曾经提出这样岂有此理的问题：

　　　鲁迅先生，中国的政客和军阀，总不能使中国太

平，而英国替印度管理军事政治，倒还太平，中国不是
也可以请日本帮忙管理军事政治吗？

———内山完造:《回忆鲁迅的一件小事》

载 1956 年 10 月 7 日上海《劳动报》

鲁迅对这种公然以奴役者自居的无理论调，当然不能容
忍，当即给予了反驳。但他后来却又歪曲报导了鲁迅的话，
使鲁迅更加忿怒。1936 年他在写给增田涉的信中说道：

与名人（日本的）的会面，还是停止的好。野口先
生（米次郎）的文章并没有将我讲的话全部写进去，也
许是为了发表之故吧，写出来的部分也与原意有些两
样，长与先生（善郎）的文章则更甚了。我想日本作者
与中国作者之间的意思，暂时大概还难沟通，第一境遇
与生活都不相同。

———《鲁迅书简补遗》：致日本增田涉部分

以境遇与生活的不同，而要求有共同的语言是不可能
的，鲁迅并非不知中日两国友好的重要，但在当时日本帝国
主义企图并吞整个中国的时候，这种友好就没有基础。1935
年，鲁迅在为内山完造先生所著《活中国的姿态》一书作的
序文中，就曾经明确地指出：

据我看来，日本和中国的人们之间，是一定会有互相了解的时候的。新近的报章上，虽然又在竭力的说着"亲善"呀，"提携"呀，到得明年，也不知道又将说些什么话，但总而言之，现在却不是这时候。

——《且介亭杂文二集》

在和另一个日本人士的谈话中，鲁迅说得更为明白：

我认为中日亲善和调和，要在中国军备达到了日本军备的水准时，才会有结果……譬如：一个懦弱的孩子和一个强横的孩子二人在一起，一定会吵起来，然而要是懦弱的孩子也长大强壮起来，则就会不再吵闹，而反能很友好的玩着。

——《鲁迅先生纪念集》第二辑 42 页

如同冰炭的见面，"还是停止的好"，鲁迅就是以如此的态度，不亢不卑，不屈不挠，梗直不阿的态度对付强横势力，反对帝国主义侵略的。

后来，改造社社长山本先生要求鲁迅写文章，投向日本读书界，鲁迅直率地对日本军国主义表示抗议，对军国主义的政策"火、王道、监狱"，指出它最终必然招致失败，人民终于要击败这种愚民政策的鬼把戏。这是发表于 1934 年 3 月日本《改造》月刊的，到了 1935 年 4 月又写了一篇

《在现代中国的孔夫子》，发表于同年 6 月份的《改造》月
刊，说明侵略者想用孔子作偶象的崇拜也还是不行的，因为
中国人民对于孔子并不亲密，知道孔子出色的治国的方法，
"都是为了治民众者，即权势者设想的方法，为民众本身的，
却一点也没有"。这一方面斥责侵略者惯用孔子作招牌以愚
民，另一方面又揭示给中国人民不要上尊孔的当，这又是明
白地拆穿了日本军国主义者利用孔子迷惑中国人民的鬼把
戏。但改造社还不死心地要求鲁迅给写文章。1936 年 2 月，
日本帝国主义已经侵占了东北之后，铁骑继续又在华北横行
虎视的时候，鲁迅在这年的 4 月《改造》月刊第三期上就更
毫不含糊地说："我要骗人。"他曾经这样说过："从外国受到
强大压迫的时候，对那压迫者扯的谎，却决不是不道德的。"
这篇文章，就是鲁迅在逝世前不久写出的对日本军国主义的
直接抗议："中国的人民，是常用自己的血，去洗权力者的
手"，这不就预言着汪贼精卫的公开卖国、蒋介石制造"皖
南事变"和日本军国主义者勾结在一起企图消灭共产党与抗
日人民的阴谋将要发生吗？"而到处的断头台上，都闪烁着
太阳的圆圈的罢"，然而，中国人民终于在共产党的领导下
会起来反抗的，这就是鲁迅披沥真诚，说老实话的、义正辞
严的公开告白。

讲这种话，大胆写这样的文章的鲁迅，以大无畏的精
神，表达了不甘做亡国奴的人们的呼声，表白了在党的领导
下中国人民不甘屈服的意志。像这样直白地面对面地毫不容

情地对日本军国主义者的斥责，甚至不惜一而再，再而三
的，每年一次、一次比一次更率直，日本人未必熟视无睹。
鲁迅既然如此坦白直率地站稳中国人民立场，毫不含糊地告
诉日本侵略者的必然失败的命运，不管他和内山的友谊如何
深厚，还是光明磊落地说出他要说的话，这正是鲁迅之所以
为鲁迅的特点，毛主席称道他骨头最硬者也在此。但内山既
是商人，虽身在中国，其一切行动态度还难免受制于日军当
局，否则"非国民"三字的罪名会加在他的头上，这一点鲁
迅也深懂得的。所以在1936年10月，鲁迅临死之前，就
另找房子预备迁徙，拟择居在旧法租界，想远离开日本人居
住的虹口势力范围（见10月11日《鲁迅日记》）。计划刚
要实现，但病不容许他立即迁徙，因之未成事实。这时，就
是把一切与内山书店的关系一起割掉也在所不惜。

　　后来日军投降，内山书店也散伙了，内山也回到了
东京。

　　可能在东京，他也感到处处不如意吧，他屡次见我们称
赞日本风景如何美丽的时候，就意味深长地说："好是好的，
但不是我们的了。"从这句话看来，他是如何地热爱他的祖
国，对美军占领的军事基地如何怀抱深忧，从而寻求解救日
本之道。惟愿他生命当中最后的一页，永远存在，并且使它
在日本朋友和日本人民中永远扩展开去！

九　同情妇女

　　毛主席在《湖南农民运动考察报告》中指出：中国的妇女除了受政权、族权、神权的束缚以外，还要受夫权的束缚。所以在解放区，各级党和政府、一切工作做得好的，都是和男女一齐发动的政策分不开的。但在资产阶级的社会，沿着封建遗习，压迫妇女，使她们为少数人服务。所以在东北刚刚解放的时候，我听到一支极好的歌曲，歌颂共产党的功绩，我极爱它，歌词的头两句就是："没有共产党，就没有新中国"，那时国歌还没有定出来，每于大会开始，就唱着这个从人民心里倾泄出来的词句。在东北召开的解放后第一次妇女代表大会要我讲话的时候，我也通过自己的体会，首先唱出没有共产党，就没有妇女解放的歌来。事实上，今天人民公社的存在，更是彻底解放全民，连妇女在内的雄辩的证明。

　　鲁迅一开始执笔，就执着地唤醒人民，尤其为被压迫最甚的农民、妇女、儿童的不合理待遇鸣不平。现在仅举鲁迅对妇女方面的一些著作谈谈他的看法。从 1918 年的《热风》时代起，几乎每本著作都有关于妇女问题的文章，粗粗翻阅一下，我们就看到有：

《热风》:（1918—1924）

　　《随感录四十》

《呐喊》:（1918—1922）

　　《明天》里面的单四嫂子

《坟》:（1907—1925）

　　《我之节烈观》

　　《娜拉走后怎样》

　　《论雷峰塔的倒掉》

　　《坚壁清野主义》（反对禁止妇女出游，要走解放的路）

　　《寡妇主义》

《华盖集》:（1925）

　　《公理的把戏》（写女师大问题）

　　《这回是"多数"的把戏》（同上）

《华盖集续编》:（1926）

　　《记念刘和珍君》

《彷徨》:（1924—1925）

　　《祝福》里的祥林嫂

　　《伤逝》里的子君

《离婚》里的爱姑

《而已集》:（1927）

《忧"天乳"》

《三闲集》:（1927—1929）

《铲共大观》（叙述反动统治者对革命者砍头示

众，"暴露女尸"借以威吓群众）

《朝花夕拾》:（1926）

《阿长与山海经》（写一个女工的故事）

《故事新编》:（1922—1935）

《补天》（女娲的故事）

《奔月》（嫦娥的故事）

《二心集》:（1930—1931）

《新的"女将"》（反对专以女人作点缀品）

《集外集》:（1932）

《〈淑姿的信〉序》

《南腔北调集》:（1932—1933）

《关于女人》（反对把一切社会罪恶都加在女人

头上）

《关于妇女解放》（为解放思想、经济、社会等

而奋斗）

《上海的少女》（反对早熟风气）

《准风月谈》:（1933）

《男人的进化》

《花边文学》:（1934）

　　《女人未必多说谎》（指出杨贵妃、妲己、褒姒
　　　替男人伏罪）

　　《论秦理斋夫人事》（论妇女自杀）

《且介亭杂文》:（1934）

　　《阿金》

《且介亭杂文二集》:（1935）

　　《论人言可畏》

《且介亭杂文末编》:（1936）

　　《女吊》

以上所录各篇，集合起来，鲁迅关心妇女、为妇女解放事业提供的具体意见，是很完备的，内容有婚姻、家庭、生活、寡妇、新女性等各个方面的问题。这就可以帮助我们更好地来理解他对妇女问题的态度。

在反对封建高压的《热风》时代，鲁迅在《随感录四十》里写道：

　　爱情是什么东西？我也不知道……

　　但从前没有听到苦闷的叫声。即使苦闷，一叫便错；少的老的，一齐摇头，一齐痛骂。

　　…………

　　可是东方发白，人类向各民族所要的是"人"——自然也是"人之子"——我们所有的是单是人之子，是

儿媳妇与儿媳之夫，不能献出于人类之前。

可是魔鬼手上，终有漏光的处所，掩不住光明：人之子醒了；他知道了人类间应有爱情；知道了从前一班少的老的所犯的罪恶；于是起了苦闷，张口发出这叫声。

但在女性一方面，本来也没有罪，现在是做了旧习惯的牺牲。我们既然自觉着人类的道德，良心上不肯犯他们少的老的的罪，又不能责备异性，也只好陪着做一世牺牲，完结了四千年的旧账。

做一世牺牲，是万分可怕的事……

……………

……我们要叫到旧账勾消的时候。

旧账知何勾消？我说，"完全解放了我们的孩子！"

这一段话写在 1918 年，即在五四运动的前一年，在黑暗的封建社会当中，人民被压制得麻木不堪的时候，鲁迅叫出了几千年封建婚姻下无数男女的悲哀的呼声；但是如何解决这个问题呢，由于黑暗势力的过于浓厚，人民尚未觉醒，所以用他自己的处方来说："也只好陪着做一世牺牲"，然而，他清楚地知道"做一世牺牲，是万分可怕的事"，他不安于人民忍受这种压迫，那又怎么办呢？于是他只好把希望寄托在下一代的身上，用他自己的话来说，就是"完全解放了我们的孩子"。

　　在五四运动时期，婚姻自主、民主自由的呼声响彻云霄，鲁迅无疑地是赞助这一运动的，但是做为一个清醒的现实主义者，他对这一问题的看法是要更为深刻得多的，他不同于那些单纯的女权主义者浅薄的认为似乎妇女只要有了参政权等等就能解决一切问题，所以在《娜拉走后怎样》一文中，明确地提出了经济权的问题；他也不同于那些具有小资产阶级狂热病的人，感到婚姻不自由就简单地一跑了之，认为必须要有自己的生活，不能坠在男人的衣角后面终其一生。所以在《伤逝》里指出：子君最后的结局，也只有回到她父亲的家里，并且落得悲惨地死去。我们青年当中，今天有一些人因为不了解那个时候（虽然仅仅相隔四十年左右的时间）中国旧的社会制度是什么样子，所以对鲁迅的著作看不懂，这也难怪其然。因为他们在现实生活中没有这种遭遇，所以对这些作品觉得有些隔膜，不易理解。其实，稍有一些年岁的人，在旧社会中稍微生活过几天的人，只要读一读《祝福》和《离婚》，祥林嫂和爱姑的形象，就会使他感到多么熟悉，她们的遭遇，使他感到多么沉重，并且寄予莫大的同情。

　　鲁迅对妇女问题的看法，到他成为一个马克思主义者以后，就比以前更为成熟了。1931 年日本帝国主义者侵占了东北以后，国难严重。当时有一种论调，凡是和女性有关的事情，比如奢侈浪费等等，都成了女人的罪状。鲁迅曾经严正地指出：

其实那不是女人的罪状，正是她的可怜。这社会制度把她挤成了各种各式的奴隶，还要把种种罪名加在她头上。

他一针见血地分析说：

私有制度的社会，本来把女人也当做私产，当做商……把女人看做一种不吉利的动物……同时又要她做高等阶级的玩具。

这种不公平、不合理的待遇，就是——

西汉末年，女人的"堕马髻""愁眉啼妆"，也说是亡国之兆。

又认为：

其实亡汉的何尝是女人！不过，只要看有人出来唉声叹气的不满意女人的妆束，我们就知道当时统治阶级的情形，大概有些不妙了。

——以上引文均见《南腔北调集》:《关于女人》

（此文为鲁迅与瞿秋白同志商量，由秋白同志执笔写成的）

以这样的思想为根据，鲁迅就大胆地站起来替妇女说话，甚至替杨贵妃、妲己、褒姒翻案，指出：几千年来一些史学家为了替专制王朝辩护，说他们的江山，是被几个女人毁掉了的，其实不过是一派谰言。（参看《花边文学》:《女人未必多说谎》）

关于《集外集》里《〈淑姿的信〉序》，有人疑是鲁迅给他的小姨作的，其实不确。乃是一不相识之人名程鼎兴的托费慎祥把《淑姿的信》送来求作序出版，以表示他怀念之情。从表面看来，是一番好意，但从淑姿的信里细看，他却是一个薄幸郎君，使淑姿赍恨以殁的。鲁迅深为淑姿抱不平。照此线索、复案序文，则全文便迎刃而解了。因是男方要求，鲁迅不便直斥，故隐约其词：以花之失荫而遭寒比，又以女方颇欲振奋，而终于殒颠于实有，来诉说其悲痛。后又述说淑姿抱着美好的梦步向人生，然而来日大难，衔哀不答。忽而得病了，最后以至于死。到"中国韶年，乐生依旧"句则简直痛责程鼎兴了。"则有生人，付之活字"。以生人对活字，不但骈文之工整，臻于上乘，而且运用新文词于古文中，实亦难得。其更具有深意的是印书者的程某，不过一生人耳，实可说与淑姿毫无关系，是种分析，意含双关，透木不止三分了。末二句："分追悼于有情，散余悲于无着"的"分"字、"散"字与"有情"是出书的人可以自慰自地以为无憾，其实是"无着"了也。鲁迅写此文煞费苦心，因费君之请，有不便推却之势，要是别人，也许璧还算了。但既要他写，也还是有分寸的，不能随便让女性受委屈，这是鲁迅万不得已而出此的。写完这篇序文，鲁迅自己亦十分欣赏，说可以交卷了。稍稍了解鲁迅旧文学根底的，都晓得他对于六朝文的研究颇深，这回是因为要痛责程生，以文言文中骈文出之，全篇文字也铿锵入调。我们两人曾一同朗读，所以至今还留有深刻印象。

鲁迅随时随地维护妇女权益，对妇女问题可谓关切备至了。但是否凡属妇女，都博得他的同情呢？这却未必。你看他之斥责杨荫榆是多么不容情，他之批驳寡妇主义是多么痛彻透辟！凡这些，无非一个目的，是本着党的精神，对被压迫者都给以援助，对压迫者都给以揭露和打击。《记念刘和珍君》这篇文章，是无情揭露刽子手们的凶残，极力鼓舞继起者的战斗。尤其是刚刚抬起头来的青年妇女，他总是极力称赞，是具有奖掖的深意的。文章末尾，有这样含有教育意义和感人至深的话句：

> 我目睹中国女子的办事，是始于去年的，虽然是少数，但看那干练坚决，百折不回的气概，曾经屡次为之感叹。至于这一回在弹雨中互相救助，虽殒身不恤的事实，则更足为中国女子的勇毅，虽遭阴谋秘计，压抑至数千年，而终于没有消亡的明证了。倘要寻求这一次死伤者对于将来的意义，意义就在此罢。
>
> 苟活者在淡红的血色中，会依稀看见微茫的希望；

真的猛士，将更奋然而前行。

——《华盖集续编》

果然，继"三一八"之后的许多青年运动，前仆后继，风起云涌地席卷而起，他们用不屈不挠的意志，机警沉着的行动，更加奋勇的气概，答复了鲁迅的期望。而在抗日战争和解放战争中，中国青年男女更在共产党和毛主席的直接领导下，为新中国、新社会的成长贡献了他（她）们的力量，放出了他（她）们青春的万丈红光。

鲁迅凡有表现于文字的，从行动中往往也得到实践，他的言论和实践是统一的。他反对婚姻压迫，我们试读一下《离婚》这篇小说，爱姑是个多么聪明伶俐、能干巧辩的青年妇女，但是一碰到"七大人"这一般老爷们，就有理也说不清了。像这类女人的命运，是多么可怜，可怜到任人宰割的程度却想不出对付方法。这沉重的恶势力如果不彻底推翻，中国妇女将个个沉入深渊底下，见不到天日！

鲁迅也曾用他微弱的力量，拯救过一个女人。《鲁迅日记》有这样两句记载：

1929 年 10 月 31 日：……夜，律师冯步青来，为女佣王阿花事。

1930 年 1 月 9 日：……夜，代女工王阿花付赎身钱百五十元……。

　　这是怎么一回事呢？原来那时我们有了孩子，希望有一个得力的保姆照顾他，以便我们可以专心去做工作。经同乡介绍，说有一个妇女，正合适。她名叫阿花，我们聘请下来了，工作十分满意。做起事来，又快又好，并且一面唱山歌，哼哼哈哈的，一面又干活，把孩子哄得蛮适意，我们也更重视她的能干。在闲谈家常中，才晓得她被丈夫虐待，毒打，才逃出来工作的。这不就是活生生的妇女受到压迫的典型实例吗？像这样能干的妇女，劳动力又好，而丈夫还不知爱惜，人间不平事，哪有像这样的。那时候，听到忽然有人敲门，或前后门有什么风吹草动，就看见阿花丧魂失魄，好像着了鬼迷一般地不知如何是好，甚至直往楼上窜，如此状态，对小孩是不利的，而且越演越频繁起来了。读者还记得在电影里看到祥林嫂在河边淘米时见了癫痫卫二的那副惊骇不可名状的一幕吧，实大有过之无不及，我们算在眼前重见这真人真事。究竟是一个什么可怕阴影，竟这样惊破了这个女人的胆，就像兔子被猎人追赶下的战战兢兢情况，那楚楚可怜之状，实为同情者所不忍卒视。这风波不止一次地演出来，自然难免被我们知道。上海房子是前门正对别人后门的，有一天，从我们家里看到对面后门厨房里人影绰绰，似有什么事情要发生的样子，我们抱着自扫门前雪的态度，没有理会。但敏感的阿花，面色发白，急匆匆跑到跟前，像大祸临头似地上气不接下气说："不好了，那死鬼（指她丈夫）就在对门，要是被抢去怎么办？"鲁迅这才留心细看，对门厨房里确有不少人。原来那家也是用的同乡人，阿花的丈夫就有那么长的手脚，从乡下来到上海，想劫回阿花。这创纪录的一幕，演出时必然轰动邻里。而我们的一家，就在这批人指指点点，喊喊喳喳下闹了一大半天。后来还是鲁迅向他们说：有事大家商谈，不要动手动脚的。经这么一说，他们也觉得上海不比乡下，知难而退了。不记得是对方，还是鲁迅方面，找到在她乡间的一位士绅，来调解这一事情，原来一见面之后，才知道那位士绅就是以前在北京大学读书、和鲁迅时常来往的。熟人相见，自然无话不可谈，而况他又知道鲁迅之为人的。但他却说："阿花的丈夫，原本是想抢人回去的，但既然东家要留下她（据他意思是指鲁迅欢喜要收下她），就听从贴补些银钱，好另行娶一房媳妇便是了。"鲁迅听了大笑，原来有这等误会。但问阿花，一口咬定不愿跟丈夫回去，情愿离婚。因此，就又在乡绅的调解下，言明由鲁迅替她付出了一百五十元的赎身费，以后陆续用工资扣还，这件事就此结束。过不两月，阿花另有所爱，离开我们而去。以后情况就不了解了，总而言之，她是脱离了樊笼，远走高飞，也许不致于再挨打受骂了吧？那时候的社会，有几个人有机会才遇到鲁迅为之解围！而千千万万妇女，因为得不到解放常常以泪洗面。春雷暴响，巨光闪耀，人民的救星中国共产党和毛主席领导人民，解放了全中国，真正彻底解救了妇女，使她们从几千年沉沉欲睡的社会奋起。如果说，中国人民感激党和毛主席，中国妇女更其加倍地感激党和毛主席，因为她们真正得到翻身了。

就拿我个人来说，旧社会的黑影，就像魔掌一样时刻笼罩在头上。一生下来，就被母亲厌恶，要把我送给本家，甚至自贴抚养费也在所不惜。因据迷信说，我要克父母的缘故。父亲因此想着不要我了。生下刚三天就许给人家。那家的父亲是孔教会中人，就这一点，其思想之反动、腐败与顽固可知。我从小随着三个哥哥在私塾读书，就模糊地晓得有"所遇非人"的辞句而对婚姻不满。到十二三岁时，就向家人表示过反抗。那家的人来了，我就冲出去，表白了我自己的不愿意，当着父亲严厉的斥责"出去"声，终于把自己的意思说完才走了出来，那是受了当时旧民主主义的辛亥革命提倡者所办的《平民报》的影响而发作的。平日里每一想到终身大事，就不禁悲从中来。孑然独处，就想好好读书，先把自己底子打好了，明白了事理，就什么事都会应付了。就这样，我从家内，一直跑到外面，凡旧社会给予一个孤女儿的冷遇，都像尝五味子一样无不品尝到了。对于鲁迅，我同情他"陪着做一世牺牲，完结了四千年的旧账"而拼命写作，于寂寞中度过一生的境遇；而又自觉我比他年纪轻些，有幸运解除婚约的痛苦。因我之幸运，更觉他的遭遇不幸而同情起来。这也许是我们根本思想——反抗旧社会——一致的缘故，所以才能结合起来。几十年来，经过无数革命前驱者（包括鲁迅在内）和广大人民的英勇斗争，黑暗的旧社会被彻底推翻了，每一个妇女和中国人民一道得到了真正的解放，这使我们久受压抑、备尝艰辛的老一代人们，其心情之快慰，实难形之笔墨。我要把我的一点一滴，都贡献给亲爱的祖国，把自己的一切，包括生命在内，都无保留地献给党，献给伟大的共产主义事业！这是我唯一的心愿。

十　向往苏联

苏联，人类伟大的心脏，世界革命的堡垒，他是指引着人民走向自由、光明、友爱、团结的人类大家庭的旗帜，是照耀着二十世纪科学技术的高度发展的灯塔，他招引着每个善良的人们像万壑朝宗地向往。这不是偶然的。

鲁迅和我们全家，就曾经想着前去。又幻想着去了以后的生活状况：鲁迅是应苏联作家协会的邀请而去的，在那里必然有许多交流文学创作的机会，还有许多新鲜事物需要了解，有些已然了解的还需要印证，旧俄文学和新俄之间的关系，柯罗连科、托尔斯泰的作品和高尔基、费定等的分别在哪里，革命在文学上的影响，其通过作品而得到教育的真相是怎么样的等等，都是鲁迅渴欲解决和学习的问题。因此，我们估计，如果鲁迅去到苏联，光是文学范围就够他忙得不可开交，如果还有其他活动，就更不得了。所以，我们又打算，去一次是不容易的，至少住他一两年再说。那时，我们已有了小孩，怎么办，我们考虑到把他送到托儿所里去，得到新的良好的教育，如果真能做到的话，我想到今天，我们的小孩将是身体和思想都更加健康的了。因为没有去成，以致在解放前的十多年长远岁月里，他一直生活在旧中国，随着我们遭受压迫。这是后话，且慢说它，回到本题上去吧。去苏联之后，鲁迅别有忙碌，小孩又有寄托的地方，那么我干什么呢？听杨之华大姐介绍说，苏联的工厂分工细，短期间就可以学会技术。我就想：那么，我就到工厂去学它一两年，等到鲁迅回中国时再离开。那时，孩子就放在那面学习，不要他急忙回来了。我们一直谈说着，描绘着这个美梦，希望很快能够实现。

后来，又听说路上不好走，可能先由鲁迅一个人去。那就一个人去吧，服从工作需要。我就忙着给鲁迅预制冬衣，据说那面天气很冷，室外温度极低。但秋白同志又描绘出一幅冬景图，说一片白雪的郊外，空气如何清新，有病的人吸着也觉舒服。这是从秋白同志的肺病直觉而来的，秋白同志热爱苏联，无产阶级国家的一切都时常引起他深厚的回忆。

我赶制了一套灰绿色的粗绒线内衣裤，又织成了一双长过膝盖的黑中带暗红色的绒线袜以壮行色，这是在炎热的夏天捧着厚厚的绒线赶制起来的。

在 1932 年的 9 月 11 日，鲁迅给曹靖华同志的一封信里这样写着：

今年正月间炮火下及逃难的生活，似乎费了我精力不少，上月竟患了神经痛，右足发肿如天泡疮，医至现在，总算渐渐的好了起来，而进步甚慢，此大半亦年龄之故，没有法子。倘须旅行，则为期已近，届时能否成行，遂成了问题了。

同一个年、月、日，鲁迅写给萧三同志的信，也是表示用尽一切方法要达到去苏联的目的。而且即使要走水路也在所不惜：

这回的旅行，我本决改为一个人走，但上月底竟生病了，是右足的神经痛，赶紧医治，现在总算已在好了起来，但好得很慢，据医生说是年纪大而身体不好之故。所以能否来得及，殊不可知，因为现在是不能走陆路了。坐船较慢，非赶早[动]身不可。至于旅费，我倒有法办的。

寄给他们的信说"总算渐渐的好了起来"和"总算已在好了起来"，其实还不是真个好了起来的。从日记里得知，1932 年 8 月 28 日记着："上午因三日前觉右腿麻痹，继而发疹，遂赴篠畸医院乞诊，医云是轻症神经痛，而胃殊不佳，授药四日量"，至 31 日医又断为带状匐行疹，服药并加以注射，一直到 10 月 28 日才停疹。计自 8 月 25 日至病愈，共费去足足两个月时光。所以 9 月间给曹、萧写信时，其实未愈而作就好起来的打算的准备，是一心希望倘有机会，仍愿扶病前往的。

10 月底病刚刚好了，到 11 月初，接到北京母亲的病讯，又立刻束装北上了。这次是 1932 年 11 月 13 日下午抵达北京，同月 28 日就离开北京的。这不平凡的一次到京，是在日本帝国主义霸占了我国东北，并且酝酿移师关内的民族危机最严重的时候。北京人民从卧轨请愿到更深入尖锐的斗争中，革命者的鲜血，流洒在天桥，左联成员，牺牲在当地。此时此地以左联盟首的鲁迅到了北京，无疑要使叭儿狗们竖起耳朵，跃跃欲搜取目的物的。敌人既剑拔弩张，战士们则更加奋勇坚强。据陆万美同志《追记鲁迅先生"北平五讲"前后》的回忆：

> 这几次的演讲，对于当时日本帝国主义已近迫榆关、锐利的刺刀尖已冰冷地刺在胸口的华北人民说来，确实起了重大的教育作用。很多中间的和落后的人们，从此都有所惊醒和转变。对当时的"北平左联"，也明确了方向，开始纠正关门主义的错误倾向，紧接着展开了一个紧张活跃的新的斗争时期。

难怪，第一个奴性十足，对日本侵略者献策，主张"先征服中国民族的心"的洋狗胡适，要对鲁迅十分惧怕，说他是"卷土重来"了。

鲁迅蔑视狗们的疯狂，与北京的地下党，以及党所领导的左翼文化团体紧密联合在一起，毅然决然地活动着，参加了大小的集会和个人的接触，掌握了群众的思想动态，揭穿了敌人的阴谋，射出了威力无比的簇矢，击中了汉奸卖国贼的要害。敌人利用"官方"的面目写好了逮捕公文，27日是星期，不办公，所以公文还差盖一"官印"，而28日上午，鲁迅还在中国大学讲演，至少他今天还不至于走吧，敌人这样猜想。就在这间不容发的紧要关头，鲁迅当天下午就搭车离开了他所酷爱的北京和可依恋的群众。他走了，从此永远不再来了。敌人的逮捕公文白白预备了。事后，一位深知内幕的朋友如此这般地向鲁迅报告了这次大战役胜利的经过。

种种胜利的果实，人民斗争的英勇事迹，文化战线的伟大成就，若能带到苏联，带到"国际革命作家联盟"，让全世界的进步人类得知中国人民的不屈服的情况该多么需要！据陆万美同志记述：

> 原来这次北上省亲的重要目的，是因为党的组织接到苏联高尔基底邀请，希望他去莫斯科参加筹备着要召开的苏联作家代表大会（当时，罗曼·罗兰、巴比塞、萧伯纳等也在被邀请之列），并在苏联住一个较长的时期，好休养休养身体并从事写作。这实际是代表了整个

苏联共产党和苏联人民，对于先生的热诚关怀和无限敬意的。

党于是就"极为慎重地为先生的出国订了计划，做了具体的布置：预备先北上到北京，然后设法去日本，再转道海参威去莫斯科"，"可惜由于国民党反动派底法西斯统治和对先生的严密监视，后来不能实现"（以上所引均见《忆鲁迅》:《追记鲁迅先生"北平五讲"前后》）。这次，在北京一共逗留了十五天，就又重回到了南方的上海。

在同年的 12 月 12 日，鲁迅在多方设法未能冲破内外的困难去苏联之后，写给曹靖华同志的一封信中很委婉地无可奈何地吐露出自己的不得已的心情："我的游历，时候已过，事实上也不可能，自然只好作罢了。"

中国人民的期望，苏联人民的友谊招手，每年五一节和十月革命节都是一个机会，使鲁迅的心怦然而动，使党的关切费尽心机。后来听说鲁迅身体不好，苏联朋友又多方设法通过个人带来口讯，请鲁迅去苏联休养，这种邀请经常不断，直至他逝世之前。有一次（我现已经记不起时间了），从内山书店转来的一批信中，带来了香港国民党方面的陈某来信，是比较具体的说，请鲁迅立即携眷到港，然后转去苏联，一切手续，可以到港再办。姑无论写信人是好意恶意，是真意假意，就凭他自己是个国民党方面的人，已是鲁迅深恶而痛绝的，而一旦在这方面庇护之下，得以达到去苏目的，纵云革命权宜，但以鲁迅绝不通融的铁的意志之下，又何能做到？而且又未得到党的指示，万一轻举妄动，铸成大错，则悔将何及！鲁迅于是便对这封信等闲视之，销毁了事。

鲁迅逝世后，有一些好心肠的人，不了解以上种种困难情况，不知道几经党的领导布置、周密计划，尚不能达到去苏目的，因而使鲁迅没有能够亲眼看到世界上第一个无产阶级掌权的国家；曾经惋惜过鲁迅的身体健康和他的创作，认为若能去苏联休养，病体可能得到治疗，他的创作生活，他去苏后取宝归来的传达，将会留给我们更灿烂辉煌的、人民所需要的东西的。这意思是好的，但他们不知道，在当时要去苏联又谈何容易啊！

这个旅行，关系太大了。在鲁迅逝世快二十年以后，人民革命胜利了好几年的某一个冬天，在一次西伯利亚长途火车上，我见到一位党内同志，他就问起鲁迅为什么没有到苏联去？我把如上的情况介绍给他，他才了解了这一件事情的详细情形。革命胜利了，许多人都很便利地到过苏联了，这就不由得会使人们想起鲁迅如果也去过苏联，那该是多么好呀！就是我这么一个人，解放后脚踏过伟大的黑土，亲自共享过苏联人民胜利的欢乐，也不下七八次了，每次目睹苏联有不同情况的大步推进的顽强不屈的英雄气概的成就时，就在这欢愉的时刻，不由我不想起：可惜鲁迅没有同来参观！……过去，由于反动派的阻挠，鲁迅前去向苏联学习的道路被阻塞了。只有到了无产阶级掌握政权的今天，我们这个美好的愿望才得以实现，两国人民自由来往的康庄道路，才畅通无阻，走向共产主义社会的道路，才有了更加广阔的开拓。

十一　瞿秋白与鲁迅

时间一久就忘记了月日，不记得是春末还是夏初光景，真算得是气候宜人，人们游兴正浓的某一天，那是 1932 年了，通过介绍：说有一位为了革命过着地下生活的人，想乘此大好时光，出来游散一下，见见太阳。但苦于没有适当地方。问起来，才知道是"没有见面的时候就这样亲密的人"——秋白同志，就约定于某日来我家盘桓一整天。

这一天天气特别和煦，似乎天也不负好心人似的。阳光斜射到东窗上的大清早，介绍人就陪同稀有的初次到来的客人莅临了我们的住处。除了秋白同志之外还有杨之华同志。

我们虽则住在北四川路底的电车终点站附近的一个公寓里，离开不远正是虹口公园；但在三楼上，四周都是外国人住着，比较寂静的，正适宜于我们迎接这样一位过着地下生活的革命者。

鲁迅对这一位稀客，款待之如久别重逢有许多话要说的老朋友，又如毫无隔阂的亲人（白区对党内的人都认是亲人看待）骨肉一样，真是至亲相见，不须拘礼的样子。总之，有谁看到过从外面携回几尾鱼儿，忽然放到水池中见了水的洋洋得意之状的吗？那情形就仿佛相似。他们本来就欢喜新生一代的，又兼看到在旁才学会走路不久的婴儿，更加一时满室皆春，生气活泼，平添了会见时的斗趣场面。

我是依稀如见故人般，对秋白同志似曾相识的。回忆起来，时间也许太久了。那还是在女师大做学生的时候，大约那时秋白同志刚刚从苏联回来，女师大请他来讲演的。那时我初到学校不久，讲话的内容全不记得了，总之是对于新社会苏联的报导方面的吧！为什么说似曾相识呢？就是从前见到的是留长头发，长面孔，讲演起来头发掉下来了就往上一扬的神气还深深记得。那时是一位英气勃勃的青年宣传鼓动员的模样，而1932年见到的却是剃光了头，圆面孔，沉着稳重，表示出深思熟虑、炉火纯青了的一位百炼成钢的战士，我几乎认不出他来了。

那天谈得很畅快。鲁迅和秋白同志从日常生活，战争带来的不安定（经过"一二八"上海战争之后不久），彼此的遭遇，到文学战线上的情况，都一个接一个地滔滔不绝无话不谈，生怕时光过去得太快了似的；又像小海婴见到杨妈妈，立即把自己的玩具献出似的；但鲁迅献出的却是他的著作、思想。两两不同，心情却是一样的。

为了庆贺这一次的会见，虽然秋白同志身体欠佳，也破例小饮些酒，下午彼此也放弃了午睡。还有许多说不完的话要倾心交谈哩，但是夜幕催人，没奈何只得分别了。

从此他们两人除各自工作外，更是两地一线牵（共同的革命意志和情感），真个是海内存知己，神交胜比邻了。在革命战线上相互支援，在文化工作中共同切磋，使他们进一步建立了革命友谊，如关于大众语问题的讨论和关于翻译问题的讨论以及对文化战线上各种反动势力的斗争等等，特别是鲁迅，由于得到秋白同志之助，得到党给与的力量，精神益加奋发，斗志更加昂扬地勇往直前了。

秋白同志精俄、英文，对中国旧文学也素有根底，加以善于运用马列主义理论，能够深刻地观察与分析问题，所以思想透辟，为当时不可多得的杰出人物。鲁迅平凤就尊敬有才能的人，何况是党的领导人。这回相见，又岂能轻易放过。双方各有怀抱，都感觉到初次见面还有什么未尽之言似地希望再一次的会见。那时双方都过着不自由的地下生活，要会见一次，真是颇不容易。但终于打破了重重障碍，克服了许多困难，在同年9月1日那天的早晨，我们带着孩子去拜访了他们，地点就是紫霞路原六十八号三楼的一个房间。这是第二次的见面了，秋白同志坐在他的书桌旁边，看到我们来时，就无限喜悦地站起来表示欢迎。他的书桌，是一张特制的西式木桌，里面有书架可以放文件，下面抽斗也一样，只要把书桌上面的软木板拖下来，就可以像盒子一样，连抽斗也给锁起。据他说，这样一走开，写不完的文件只要一拉下木板就不会被别人乱翻了。做革命工作的人，这种桌子是比较方便的，后来他去苏区时，就把这张桌子撤到我们的住处大陆新村来，至今还保存在那里。当时，他就从桌子里拿出他研究中国语言文字问题的原稿，提出里面有关语文改革和文字发音问题来同客人讨论，并因我是广东人，他又找出几个字来特意令我发音以资对证。他就是这样随时随地关心人民事业，寻找活的资料，丰富自己的知识，订正自己的看法，不倦地、谦虚地进行工作，从任何一个身上，也不放过机会。就这样，这天上午谈话主题就放在他所写的文字方案的改革上了。后来，又几经改动，誊抄完整，到离开上海时，就成为他比较完妥的著作了。这些著作，他临行前交给鲁迅一份，鲁迅妥慎保存于离寓所不远的旧狄思威路专藏存书的颇为秘密的一个书箱内。里面还存放着一些鲁迅的书籍和柔石等同志的遗著。到鲁迅逝世后，这些存书全部搬到淮海中路淮海坊内。日军占领上海，侵入我家搜查时，感谢一位女工，她勇敢地以身挡住三楼藏书室的门口对日伪军说："三楼租给别人了！"这才使敌人没有去搜查，这些东西才幸免浩劫地得以保存下来，使它们多时埋藏，直到解放以后才如释重负地交到人民手中，成为革命烈士留给我们的珍贵遗物。现在那位女工已经远离开我了，但我每想到横遭惨祸的那一幕情景时，就不由地要想到这位聪明机智、沉着勇敢的女工同志。

秋白同志在鲁迅寓内度过三次避难生活，两次在北四川路底的公寓里，末次是我们住在大陆新村的时候。第一次是在 1932 年的 11 月，日期记不清了，只记得鲁迅这时正因母亲生病回到北京去，是由我接待他们的。我还记得：他和杨大姐晚间到来的时候，我因鲁迅不在家，就把我们睡的双人床让出，请他们在鲁迅写作兼卧室的一间朝北大房间里住下。查《鲁迅日记》，他是 1932 年 11 月 11 日动身往北京，同月 30 日回到上海的。那时，秋白同志来了几天才见到鲁迅回归，则大约是在 11 月下旬了。在这期间，他和我们在一起，我们简单的家庭平添了一股振奋人心的革命鼓舞力量，是非常之幸运的。加以秋白同志的博学、广游，谈助之资实在不少。这时，看到他们两人谈不完的话语，就像电影胶卷似地连续不断地涌现出来，实在融洽之极。更加以鲁迅对党的关怀，对马列主义的从理论到实际的体会，平时从书本上看到的，现时可以尽量倾泻于秋白同志之前而无须保留了。这是极其难得的机会。一旦给予鲁迅以满足的心情，其感动快慰可知！对文化界的复杂斗争形势，对国民党反动势力的打击，对帝国主义的横暴和"九一八"东北沦亡的哀愁，这时也都在朝夕相见中相互交谈，精心策划。两个同是从旧社会士大夫阶级中背叛过来的"逆子贰臣"，在尖锐的对敌斗争中，完全成了为党尽其忠诚、同甘苦共患难的知己了。杨大姐也以革命干部共有的风格，和我们平易相亲，和女工、小孩打成一片，使我们丝毫没有接待生客之感，亲如一家地朝夕相处，使我也学到了许多说不尽的道理。

秋白同志是担任领导工作的，一刻也不能耽误，一到环境许可，他就离开我们而去了。在这次离去之前，曾经有这些东西留着痕迹给我们：

一、1932 年 12 月 7 日曾给鲁迅写过：

雪意凄其心惘然　江南旧梦已如烟

天寒沽酒长安市　犹折梅花伴醉眠

他在诗后说明是青年时代带有颓唐气息的旧体诗。以他后来的积极进行革命工作，无疑是否定了前期思想的不正确成分的。但我们若从"雪意凄其"之句来看，不仍是对此时此地遭遇压迫的写照吗？而末句说"犹折梅花"，则是梅开十月，已属小阳春节气，也即"冬天来了，春天还会远吗"的意思。

二、在同年 12 月 9 日，曾以高价托人向某大公司买了一盒玩具，送给我们的孩子。在《鲁迅日记》里是这样写的：

12 月 9 日……下午维宁及其夫人赠海婴积铁成象玩具一合。

当时，他们并不宽裕，鲁迅收下深致不安。但体会到他们爱护儿童，给儿童培植科学建筑知识的好意，就又在这

不安中接受了这件礼物。秋白同志在盒盖上写明某个零件有
几件，共几种等等，都很详尽。又料到自己随时会有不测，
说："留个纪念，让小孩大起来也知道有个何先生（何先生
是他来我家时的称呼——作者）！"可惜几经变乱、搬动，
这盒盖已经遗失。零件还有若干存在上海鲁迅纪念馆，作为
秋白同志预想到革命胜利后必有大规模的建设，因而对下一
代必须从小给以技术知识教育的深意的纪念物品来珍贵保
存，以便我们的青年一代，从革命先驱者的这一股切期望中
获得建设社会主义和共产主义的力量。

这次避难，到年末之前他们就离去了。因为在我的印象
中没有留他们度岁的记忆。这期间，曾经有过几次有人来向
秋白同志接洽，但总是让他们自己见面，在一个房间里。我
们从不打听来过的是什么人。只记得曾来过一个牧师身份的
人，并托鲁迅代买字典，以作自修外国语之用，鲁迅当即照
办了。解放后，我见到一些负责同志，他们都说曾到过我们
家里，是为找秋白同志去的。但那时为了革命利益，我们自
觉地遵守纪律，从不问来人姓名和住址，知道问是不妥的。
因此，至今对有些人到过我家总是记不那么清楚了。

第二次避难是在1933年2月间，这次有两件事情
可记。

一、2月10日，《鲁迅日记》有如下记录：

上午复靖华信，附文、它笺。

这说明鲁迅写回信给靖华同志时，秋白同志适在旁边，得有方便附笺寄出。

二、2月17日，亦从《鲁迅日记》中看到：

> 午后汽车赍蔡先生信来，即乘车赴宋庆龄夫人宅午餐，同席为肖伯纳、伊〔？〕、斯沫特列女士、杨杏佛、林语堂、蔡先生、孙夫人，共七人，饭毕照相二枚……傍晚归。

归来已傍晚，但刚好秋白夫妇住在这里，难免不把当时情况复述一番。从谈话中鲁迅和秋白同志就觉得：萧到中国来，别的人一概谢绝，见到的人不多，仅这几个人。他们痛感中国报刊报导太慢，萧又离去太快，可能转瞬即把这伟大讽刺作家来华情况从报刊上消失，为此，最好有人收集当天报刊的捧与骂，冷与热，把各方态度的文章剪辑下来，出成一书，以见同是一人，因立场不同则好坏随之而异地写照一番，对出版事业也可以刺激一下。说到这里，兴趣也起来了，当时就说：我们何不亲手来搞一下？于是由我跑到北四川路一带，各大小报摊都细细搜罗一番当天的报纸，果然，各式各样的论调不一而足。于是由鲁迅和秋白同志交换了意见，把需要的材料当即圈定；由杨大姐和我共同剪贴下来，再由他们安排妥贴，连夜编辑，鲁迅写序，用乐雯署名，就在2月里交野草书屋出版，即市面所见《萧伯纳在上海》是也。这书从编、排、校对，以至成书，都可以说一个"快"字，也代表了革命先驱者们的战斗精神，更开辟了由众人合作来编辑一种书籍的优良先例。秋白同志和鲁迅那种说干就干，亲自动手的精神，永远值得我们学习和纪念。

这回住了不久，2月底就又走了。但敌人追踪甚紧，秋白同志担任的工作又相当重要，为敌所忌，搜捕甚急。因此，在短短期间，似乎就搬移了好几个地方。那时情况紧张，每一搬家，就大都什么也不能带走，鲁迅送给秋白同志的许多书都散失了，记得连我送给杨大姐的一件棉旗袍也在一次仓卒搬家时丢掉了。但秋白同志和杨之华大姐，并没有被恶劣的环境所困倒，革命意志和战斗精神却更加旺盛了。在鲁迅方面，常常替他们焦急，往往为之寝食不安。总想对他们加以帮助，使其得到比较适合生活的环境。1933年在他3月1日的日记中记着："同内山夫人往东照里看屋"，3月3日又记着："午后往东照里看屋。"这"屋"（其实只是一个亭子间）似乎是日本人租住的，所以要内山夫人陪去看，由他分出余屋租给中国人，而这人就是秋白同志他们。这比夹住在中国人堆里问长问短，查职业，看家底好得多了。鲁迅也为此稍稍放心，因此满意地租了下来。到3月6日的日记中，鲁迅写着："下午访维宁，以堇花壹盆赠其夫人。"是含有祝贺新居之意的，这堇花是3月3日内山夫人送来，鲁迅以之"借花敬佛"的。

意气相投的人，见面总不嫌多，路远也觉得近了，真可谓"天涯若比邻"。这回秋白夫妇搬到同属北四川路底的东照里，相隔不远，许多日常生活之需，也就由我代劳，而鲁迅也早晚过从甚密。他们房里布置得俨然家庭模样，鲁迅写的用洛文署名的"人生得一知己足矣，斯世当以同怀视之"的一副对秋白亦即对党的倾注心情，用两句"何瓦琴语"道出其胸怀的对联也挂起来了。到 4 月 11 日，我们的家搬到大陆新村之后，就过往更其频繁，有时晚间，秋白同志也来倾谈一番。老实说，我们感觉少不了这样的朋友，这样具有正义感、具有真理的光芒照射着人们的人，我们时刻也不愿离开！有时晚间附近面包店烤好热烘烘的面包时，我们往往趁热送去，借此亲炙一番，看到他们平安无事了，这一天也就睡得更香甜安稳了。

从 3 月 5 日写《王道诗话》起，秋白同志因有一时的比较安定的生活，所以在短短时期以内，就写作了许多精美的杂文，计有：

3 月 7 日　《伸冤》

3 月 9 日　《曲的解放》

3 月 14 日　《迎头经》

3 月 22 日　《出卖灵魂的秘诀》

3 月 30 日　《最艺术的国家》

4 月 11 日　《关于女人》

4 月 11 日　《真假堂·吉诃德》

4 月 11 日　《内外》

4月11日 《透底》

4月24日 《大观园的人才》

以上是用鲁迅名义发表的秋白同志所写的文章，从日期看（文末的日期，都是在写完后秋白同志自己签出的），如果没有丰富的生活知识，深厚的文学修养和高度的理论水平，哪能在短短的时期以内，有如是丰富而精美的文字见之于世？特别是《关于女人》等几篇文章，能在同一天里写作出来，真使人感到秋白同志的革命才华，足令我们人民感到骄傲，令敌人为之丧胆。他为革命文学的威力增加了不少分量。

这些文章，大抵是秋白同志这样创作的：在他和鲁迅见面的时候，就把他想到的腹稿讲出来，经过两人交换意见，有时修改补充或变换内容，然后由他执笔写出。他下笔很迅速，住在我们家里时，每天午饭后至下午二三时为休息时间，我们为了他的身体健康，都不去打扰他。到时候了，他自己开门出来，往往笑吟吟地带着牺牲午睡写好的短文一二篇，给鲁迅来看。鲁迅看后，每每无限惊叹于他的文情并茂的新作是那么精美无伦。而他所写的这些文章，又是那么义正辞严地揭露了敌人的卑鄙无耻行径，足使敌人为之胆寒。这只要一看他在1933年骂那些卖国贼、汉奸、帝国主义的奴才如蒋介石、汪精卫、胡适等辈的文章，是多么一针见血，击中敌人的要害，就知道秋白同志对这一撮国家民族的败类，是洞察得多么仔细，揭露得多么深刻，掊击得多么沉重！

　　第三次秋白夫妇来我家避难，是在搬出东照里之后的 1933 年 7 月下半月。那次因为机关被敌人发觉，约在深夜二时左右，我们连鲁迅在内都睡下了。忽然听到前面大门（向来出入走后门）不平常的声音敲打得急而且响，必定有什么事情发生了。鲁迅要去开门，我拦住了他以后自己去开，以为如果是敌人来逮捕的话，我先可以抵挡一阵。后来从门内听出声音是秋白同志，这才开门，是他夹着一个小衣包，仓卒走来。他刚刚来了不久，敲后门的声音又迅速而急迫地送到我们耳里，我们想：这次糟了，莫非是敌人跟踪而来？还是由我先下楼去探听动静，这回却是杨大姐不期而遇地带着一个十三四岁的别的同志的小姑娘一同进来，原来是一场虚惊。但东邻住着的日本人和西邻住着的白俄巡捕都开窗探望这不寻常的事件，我们代秋白夫妇担心也不是偶然的了。

　　革命者为了人民的利益贡献一切，连自己的生命在内。而当时白色恐怖弥漫空际，革命组织被破坏的情况时有发生，甚至日有数起。敌人的网撒得越宽、越密，我们钻网的法子也就越多、越精。新生的事物是不可战胜的，最后胜利必属于革命人民方面，这是肯定不移的。然而，在革命斗争的过程中有些牺牲也是在所难免的，不然怎么叫做革命！秋白同志对这个道理是比谁都清楚的，当其住在东照里亭子间，过着艰苦的生活，并且扶着病体坚持工作时，就连不需钱买的太阳光也照不到，这对有着肺病的瞿秋白同志是很不利的。杨大姐由于对革命、对同志的关怀，不由己地常常希望他能有机会见到阳光。我们当然欢迎他们多来。但秋白同志却很泰然地自慰道：只要想一想革命者随时有入狱的可能，那时什么也不能做，更不用说见到阳光！住在外面无论如何总比里面（入狱）强到百倍不止。这是多么伟大的革命胸怀，多么崇高的革命品格。

1934 年 1 月初，秋白同志离开上海去江西中央革命根据地工作。临行前曾到鲁迅寓所叙别。这一次，鲁迅特别表示惜别之情，自动向我提出要让床铺给秋白同志安睡，自己宁可在地板上临时搭个睡铺，觉得这样才能使自己稍尽无限友情于万一。走后常常挂念秋白同志是否已经到达苏区，常常挂念党所领导的革命事业的胜利。后来突然接到一封从福建的来信，是秋白同志不幸被敌所俘了，起先他冒为医生，还能遮瞒一阵子，他写信来要求接济。但终于被敌人认出来了，他就毫不掩饰，在刑场上高呼"为革命而牺牲，是人生最大的光荣"，慷慨就义，英勇捐躯。

当初鲁迅收到信以后，就极力设法，从各方面筹资营救。1935 年 7 月 30 日曾致函当时的《译文》编者："Pavlenko 作的关于莱芒托夫的小说，急于换几个钱，不知可入三卷一期否？此篇约三万字，插图四幅。"8 月 9 日又驰书《译文》编者："莱芒小说，目的是在速得一点稿费，所以最好是编入三卷一期，至于出单行本与否，倒不要紧。"

秋白同志在罗汉岭前就义是 6 月 18 日，由于消息的阻塞，鲁迅一时得不到信息，所以在 7 月 30 日和 8 月 9 日还在设法筹资，但后来得到了确信，知道秋白同志已经为党捐躯，为人民革命事业流尽了他最后的一滴血，所以在 9 月 8 日带着无限沉痛的心情写信给《译文》编者说："陈节译的各种，如页数已够，我看不必排进去了，因为已经并不急于要钱。"信内提到的译稿，都是存在鲁迅手中的秋白同志的译作，但因为《译文》三卷一期的要目广告中，已经把《关于莱芒托夫的小说》一文登出来了。鲁迅又考虑还是不要使刊物受到影响，因此 9 月 16 日，又致函《译文》编者云："如来得及，则《第十三篇关于 L 的小说》，可以登在最后，因为此稿已经可以无须稿费。"（以上均见《鲁迅书简》:《致黄源信》）秋白同志被俘及逝世以后，鲁迅在很长一个时期内悲痛不已，甚至连执笔写字也振作不起来了，他感到这是自己第一次，也是最后一次地未能完成为亲密战友服务的心愿。他在致曹靖华同志的信中曾经提到："它事（秋白被俘——作者）极确，上月弟曾得确信，然何能为。这在文化上的损失，真是无可比喻。"（见《鲁迅全集》:卷十，79 页）直到1936 年他自己临终的前几天，这种悲痛还在袭击他的心灵，10 月 15 日，在和别人的通信中他还这样提到："《现实》中的论文……原是属于'难懂'这一类的。但译这类文章，能如史铁儿（秋白同志的笔名——作者）之清楚者，中国尚无第二人，单是为此，就觉得他死得可惜。"（见《鲁迅全集》:

卷十，304 页）秋白与鲁迅之间，其友情真可谓深厚无与伦比了。

人们因为鲁迅怀念秋白同志惨遭敌人毒害，曾扶病编辑秋白同志译文，托内山先生寄到日本印成了两卷精美的《海上述林》，因而对鲁迅忠于朋友，忠于革命这一品格，给予崇高估价，这当然是对的。但其实，这不止鲁迅一人之力。秋白同志被俘之后，进步的朋友们已有这个愿望。噩耗传来不久，几个秋白同志的友好就暗地集合在郑振铎先生家里，哀悼这位杰出的、不屈的英勇战士的惨遭牺牲。当时就商议给他出书、传布，以教育人民，扩大革命影响。于是几个朋友商议集款，动手工作。关于从排字到打制纸版，归某几个人出资托开明书店办理，其余从编辑、校对、设计封面、装帧、题签、拟定广告及购买纸张、印刷、装订等项工作，则都由鲁迅经办，以便使书籍更臻于完美。出书后照捐款多少作比例赠书一或二部作纪念，人名我已经记不清了。好在上海鲁迅纪念馆存有一张第一卷《海上述林》的送书名单，是鲁迅亲手写下照送的。下卷出书，鲁迅已看不到了，我是依照上卷分送出去的。

所以鲁迅在 1935 年 6 月 24 日和 1936 年 1 月 5 日写给曹靖华的信中说："它兄文稿，很有几个人要把它集起来，但我们尚未商量。""它嫂（指杨之华同志——作者）已有信来，到了那边了。我们正在为它兄印一译述文字的集子。"（以上两引见《鲁迅全集》：卷十，80 页及 83 页）

这里先说是"文稿"为什么后来却说只"印一译述文字的集子"呢？原来"商量"的结果，认为创作方面含有思想性、政治性的文字，一时恐怕难得齐全，尽管存在鲁迅手头有较多的文稿，主要是须尊重党的意见，要党来作最后决定，所以就暂定只出翻译以为纪念。鲁迅在他临逝世的前几天，曾在写给别人信中清楚地说道：

> 《述林》是纪念的意义居多，所以竭力保存原样，译名不加统一，原文也不注了，有些错处，我也并不改正——让将来中国的公谟学院来办吧。
>
> ——《鲁迅全集》：卷十，305 页

当时，为了向敌人示威，表示"人给你杀掉了，但作品是杀不掉的"，秋白同志的友好便赶印烈士的译述文字，这是十分迫切需要的，但这时鲁迅坚决主张暂时不印烈士关于创作方面的文字，留待党作决定（自己慎密地保存着秋白较多的底稿）。而且就在译述文字中间稍微"有些错处"，自己也不加以"改正"，表示要留给"将来中国的公谟（康谟尼斯，即共产主义——作者）学院来办"，即到革命胜利以后，由党所领导的文化机关去审定烈士的文集。现在，鲁迅的这一愿望终于得到了实现。革命胜利了，友人们"像捏着一团火"似地保存下来的瞿氏著作，已经全由国家出版社编辑出版了。这就不但满足了读者的要求，扩大了革命影响，而且也可以告慰秋白和鲁迅于九泉之下：秋白同志的文稿，已经妥善地交给党和人民，并且早已获得广泛的流传了。

鲁迅不敢私自决定先印创作的态度，充分显示出他对党的尊重，对革命的尊重，对为革命而牺牲者的尊重：一切由"将来中国的公谟学院来办"。就是先印翻译也不加改变，把决定的"权"归给党，哪怕是小小的改动也不例外。写到这里，充分觉得鲁迅服从党的精神，绝对相信党，肯定党领导的革命事业必然在不远的将来获得胜利！一切交给党，听命于党，这就是非党的布尔什维克的鲁迅给后人留下的一个必须遵照的范例。

十二 "党的一名小兵"

反动的军阀统治，篡夺了孙中山先生领导的辛亥革命成果。在北洋军阀一手制造的"三一八"惨案并继之而起的通缉五十人名单以后，使鲁迅觉得北京的无可为而出走了。但寄希望于革命的心情仍不泯灭，又转而寄希望于北伐军的胜利。在厦门，一有消息，即欣然写信告诉给朋友。怀着对于大革命的憧憬与向往，鲁迅到了当时被称为"革命策源地"的广州。但广州的"四一五"大屠杀比北京还残酷，遇害的有为青年、革命工作者不知有多少。鲁迅震怒之极，对残暴者正面作了斗争，为中山大学学生被捕向学校当局再次抗议无效，以致拂袖而去，几经困难转移到了上海，那是1927年末的事了。

上海是一座光荣的城市。它是我国工人阶级成长的摇篮，是工人阶级向帝国主义和一切反动派展开冲击的发难地，它是每个革命者锻炼的洪炉，也是革命领导者的集合场

所。自从 1921 年中国共产党在这里诞生以来，革命的火焰
就如熊熊大火一般地在全国各地燃烧起来了。鲁迅在大革命
以后，从广州奔向上海。这时，他的思想有了突变，从量变
到了质变，于是他否定了进化论的偏颇，接受了马列主义的
真理，投入了阶级斗争的行列，他自己说愿意在党领导的革
命队伍中当一名"小兵"。

瞿秋白同志分析鲁迅思想发展的过程，是"从进化论最
终的走到了阶级论，从进取的争求解放的个性主义进到了战
斗的改造世界的集体主义"，"从绅士阶级的逆子贰臣进到无
产阶级和劳动群众的真正的友人，以至于战士"（见《鲁迅
杂感选集》序言）。这个论断，是十分精辟的。鲁迅正是这
样由一个民主主义者最终走向共产主义的。

毛主席在《论人民民主专政》里说：

> 十月革命一声炮响，给我们送来了马克思列宁主
> 义。十月革命帮助了全世界的也帮助了中国的先进分
> 子，用无产阶级的宇宙观作为观察国家命运的工具，重
> 新考虑自己的问题。走俄国人的路——这就是结论。

事实正是如此，1934 年，鲁迅在《答国际文学社问》
中，也曾经这样说过：

> 先前，旧社会的腐败，我是觉到了的，我希望着新

的社会的起来，但不知道这"新的"该是什么；而且也不知道"新的"起来以后，是否一走就好。待到十月革命后，我才知道这"新的"社会的创造者是无产阶级……现在苏联的存在和成功，使我确切的相信无阶级社会一定要出现……

——《且介亭杂文》

十月革命开辟了人类历史的新纪元，第一个无产阶级专政的国家在苏联出现、成长和壮大，关系着全世界工人阶级和劳苦大众以及一切被压迫人民的解放与希望。因此，鲁迅和一切革命者一样，对于伟大的十月革命，在它刚刚发生不久之后，立即表示热烈的欢迎（如《热风》:《圣武》）；对于苏联人民的社会主义建设与艰苦奋斗精神，热烈的给予赞扬（如《南腔北调集》:《林克多〈苏联闻见录〉序》）；对于帝国主义的阴谋干涉苏联，忿怒地加以揭露与反对（如《南腔北调集》:《我们不再受骗了》）；对于被反动派断绝的中苏两国人民之间文化交流的恢复，表示热烈的祝贺（如《南腔北调集》:《祝中俄文字之交》）。由于鲁迅是一个作家，所以他对于苏联的认识，还有着一条殊途同归的道路，这就是苏联的文化艺术，早就使他倾心，使他羡慕。对于苏联的艺术，无论音乐、美术、电影，特别是木刻，他是极口称道，赞扬不已的；对于苏联的文学作品，如所周知，他早就极力推重，设法翻译、介绍、传布的。尤其是一些马列主义的文艺理论书籍和一些优秀的文学作品，他更是冒着生命的危险，来向革命青年和广大读者介绍推广的。他把这种工作，比为普洛米修斯偷天火给人类，比为私运军火给造反的奴隶，借以向人民指明方向，鼓舞大家的斗争意志。

列宁，这个十月革命的领导者和世界上第一个无产阶级国家的缔造者，他是人类智慧的化身，是一切革命者崇高品质的最完美的典型，他不但是苏联各族人民的领袖，而且是世界上一切劳苦大众的朋友。他的名字和形像，人民看做是自己的救星，自己的希望，但反动派却对他十分忌恨，十分恐惧，害怕他就像害怕一团烈火一样。1930年9月10日的《鲁迅日记》中，有这样一项记载：

> 下午收靖华所寄《十月》二本，《木版雕刻集》（二至四）共叁本，其第二本附页烈宁像不见，包上有"淞沪警备司令部邮政检查委员会验讫"印记，盖彼辈所为。

可见敌人对我们无产阶级的革命导师是非常畏惧的，不敢使他与人民接近的。在白色恐怖笼罩着中国大地的时候，有些人一听到苏联、共产党、列宁，甚至一看到红的颜色，都要为之变色的。从上述邮包收件人的地址，敌人是不难发现鲁迅的，但是鲁迅却不顾这些，仍然英勇无畏地和敌人进行面对面的斗争，他怀着无限敬仰的心情，称列宁为"革命者"（见《致韩百罗的信》）、"真实的革命者"（见《二心集》:《习惯与改革》）、"革命的导师"（见《集外集拾遗》:《译本高尔基〈一月九日〉小引》）。当时，敌人唆使他的走狗，对鲁迅污蔑、构陷、造谣、中伤，说他宣传苏联，宣传革命思想，是由于"领了苏联的卢布"，但鲁迅清楚地知道，维护苏联，就是巩固革命阵地，就是扩大革命力量不可分割的一部分工作，所以不顾走狗们的狂吠，仍然沉着地打击他们，揭露他们。

"走俄国人的路——这就是结论。"毛主席这句话精确地概括了一切革命前驱者的思想归趋。鲁迅一方面亲身感到了旧中国的腐败没落；一方面又清楚地看到了"一个簇新的，真正空前的社会制度从地狱底里涌现而出，几万万的群众自己做了支配自己命运的人"（见《林克多〈苏联闻见录〉序》），这对他的帮助是巨大的。苏联是光明幸福的人间天堂，一切国家的人民都要走向这条路的。然而这条路必须有人走，特别是必须有人领导着大家走才能达到目的。中国革命是十月革命的继续，鲁迅亲眼看到，不是别人，正是中国共产党领导着全国人民，在这条道路上披荆斩棘、浴血奋战地英勇前进，因此他对中国共产党无限爱戴，诚诚恳恳在党的教育和领导之下，为中国人民的解放事业贡献自己的智慧与力量。

鲁迅和党的关系是非常亲密的。在北京时期，他就和中国共产党的最早创始人之一李大钊同志有着亲密的往还；在广州时期，他曾秘密会见过当时党在广东方面的负责人陈延年同志；在上海时期，就是自由大同盟成立的前后，党中央研究了鲁迅在各阶段的斗争历史以后，认为鲁迅一贯站在进步方面，便指定李立三同志和鲁迅见面。这次见面，对鲁迅有极其重要的意义。当时，党着重指示两点：一、革命要实行广泛的团结，只有自己紧密的团结，才能彻底打败敌人；二、党也教育鲁迅，无产阶级是最革命、最先进的阶级，为什么它最先进、最革命？就因为它是无产阶级。经过那次会见以后，鲁迅一切的行动完全遵照党的指示贯彻实行了。和瞿秋白同志相知更深，我在前一节文章中，已经做过叙述，这里不必重复了。值得特别提出的是：鲁迅生前虽然没有能够和我们伟大的领袖毛主席见面，但是他对毛主席的英明领导，是倾心拥护，诚恳接受的。1936 年夏，鲁迅忽然接到一封来信，肆无忌惮地攻击党的抗日政策，恶意挑拨鲁迅与党的关系。鲁迅从这封信电，已经清楚地看出那是托派的言论和主张，在 7 月 7 日的日记中，明白地记道："得陈仲山信，托罗茨基派也"，并且亲自口授，由别人笔录发表了一封公开信，对托派的无耻"理论"和肮脏行径，痛加驳斥与揭露。对毛主席的坚决抗日主张竭力拥护，并且以敬慕的口吻说道："那切切实实，足踏在地上，为着现在中国人的生存而流血奋斗者，我得引为同志，是自以为光荣的"，对毛主席和中国共产党，表示了他由衷的感激和无限的信赖。他这种坚决维护党的原则，紧紧跟着党走，一时一刻也不离开党的忠实态度，永远是我们学习的榜样。

　　作为一个伟大的革命者，鲁迅对敌人的斗争是非常勇猛的。他从不隐讳自己的政治态度和革命立场。鲁迅到上海以后，曾经在党的领导下，先后参加过三盟的斗争（自由运动大同盟、左翼作家联盟、民权保障同盟）。由于他对敌人的斗争是勇猛的，打击是沉重的，所以敌人就特别恨他。从1930年国民党浙江省党部"呈请通缉堕落文人"以来，他基本上过着半地下式的生活，敌人不断的跟踪、搜捕，使鲁迅生活极不安定。当时传闻，敌人对付革命营垒中的人物，有三种不同的方法：对于某些人专用拉拢、利诱，进行软化；对于有些人运用威胁、恫吓的办法，迫使他屈服；对鲁迅，这两种方法都不能奏效，因此，他们只有"就地处决"了。在那个时候，空气是非常紧张的，杨杏佛被杀以后，传闻鲁迅也是不能幸免，而且后来知道，敌人对我们的住处也并非全不知道。但鲁迅不顾一切，仍然出席了杨杏佛的追悼大会，并且当天出门不带钥匙，以示坚决到底，这种精神完全是大无畏的。他对于敌人极端蔑视，把自己的生命完全置之度外的这种态度，足以使敌人胆寒，使革命的人民增加勇气，而且在他说来是做得很自然的。但是在我与他一同到街上去的时候，却每每令我苦恼不安，因为他常常逼令我走到街对面的另一条人行道上去，而不肯和我并排走在一起，为的是一旦出起事来使我可以脱险。这样，常常弄得我徘徊不前，走开不好，留在他的身边也不好。没有办法，有时也只得照着他的意思去做，但是这怎么能使我放心呢？

就在这种浓厚的白色恐怖之下，鲁迅从来也没有动摇过自己的革命坚定性。那时在写给别人的信中，明白宣布自己"仍为左翼作家联盟之一员"（见《鲁迅书简》，15页），在《两地书》的序言中，也说："我现在是左翼作家联盟中之一人。"左翼作家联盟成立大会，本来是 1930 年 3 月 2 日在中华艺术大学秘密举行的，值鲁迅为了在敌人的高压下绝不屈服，所以在《二心集》中公开标上《对于左翼作家联盟的意见》的题目，向敌人示威。1931 年，柔石等人被害之后，黑暗笼罩着中国的大地，鲁迅为了揭露这种黑暗势力，曾经写了一篇《黑暗中国的文艺界现状》，委托史沫特莱女士译成英文，寄到美国的进步刊物《新群众》发表，史沫特莱把这文章看了一遍，考虑到发表它以后对鲁迅会有不利，但鲁迅说："这几句话，是必须说的。中国总得有人出来说话！"后来又有一篇《写于深夜里》的文章，也介绍到国外去了。鲁迅曾经这样说过："他们越想秘密起来，我的文章却走到国外，越不给它秘密！"

鲁迅对于党的忠实，对于党的拥护，不但表现在他对党的政策竭尽全力的支持，许多事情和党的观点完全一致；而且也表现在他对党的许多工作，都是尽力给以帮助的。如所周知，鲁迅是最珍惜时间的，他从不让自己的宝贵时间空空度过的。但是在他的日记中，却不时出现往某茶店"饮茶"，往某咖啡店"饮咖啡"的记载，难道他真有这么许多空闲时间去饮茶和饮咖啡吗？完全不是。这是他重要工作的一部分，大概这时候不是替党传递什么文件，就是代党转达什么消息，甚或是替某个同志寻找党的关系。我可以举这样一个例子：一般人只知鲁迅和成仿吾同志有过一次笔墨之争（这次争论，性质属于革命文学内部的争论，瞿秋白同志已经作过分析，这里从略），但不知道和成仿吾同志之间还有过一段非常愉快的故事。记得有一天，鲁迅回来，瞒不住的喜悦总是挂上眉梢。我忍不住问个究竟，他于是说，今天见到了成仿吾，从外表到内里都成了铁打似的一块，好极了。我才知道他欢喜的原因所在。前不久，我有机会见到了成仿吾同志，问起他是否在上海见过鲁迅？他说："是的，并且通过鲁迅和党接上了关系，这情况我已经在回延安时报告了中央的。"这件事情使人非常感动。成仿吾同志和鲁迅有过文字之争，这是谁都知道的，但由于革命目标的一致，思想、政见的一致，他们两人之间的争论终于统一了起来，意见一致了起来，这时看到鲁迅毫无芥蒂地像接待亲人一样地会见了成仿吾同志，真使在他旁边的我，都要为之高兴不已。解放以前，我曾在《鲁迅先生对批评的态度》一文中明确指出，鲁迅与成仿吾"他们在根本原则上，并不是各走各的路的"（文载《直入》杂志，《奔流新集》之一）。由此可知，有人说鲁迅是如何不分立场地记恨于某一个人，某一件事，那是多么无稽之谈了。

鲁迅不但关心能见到的同志，积极协助党在白区的工作，而且也深切地关怀着红色革命根据地的斗争。国民党反动派"围剿"和轰炸革命根据地，鲁迅不但在自己的文字中公开抗议、无情揭露（如《伪自由书》:《文章与题目》《天上地下》、旧诗《二十二年元旦》等），而且翻译《毁灭》、编校《铁流》等苏联文学，配合和鼓舞根据地人民的反"围剿"斗争。红军的英勇精神，深深地打动了他的心，1932年曾专门邀请陈赓将军来秘密会见，准备自己写一部像《铁流》一样的作品来描绘他们的英勇性格和高贵品质（后因自己感到资料尚不十分熟悉，怕写不好而因此搁笔）。正当日寇步步深入，国民党反动派节节退败，民族危机空前严重的时候，幸亏红军长征胜利，到达陕北以后立即兴师抗日讨敌，因此使鲁迅如释重负，以无限感激的心情，与朋友一起向延安的党中央拍去电报表示祝贺，说"在你们身上，寄托着中国与人类的希望"。曾经盛传过这样一个故事：鲁迅托人带了两只火腿，到延安去送给毛主席和党中央各位领导同志，那火腿是带走了，但听说到了西安，再也不能通过，只好切开来吃，但一切开，发现里面却还有书信。故事下文如何，就到此为止了。带东西不容易，鲁迅是晓得的，听到那时就是盐的运输，被敌人封锁，也不是易事，往往以棉袄浸泡在浓盐水中，等它干了以后再穿在身上带进去的。如果能带到火腿，够多么好呀！于是想出这个办法，希望使它变成事实，也不枉丹心一片吧！从这件事情当中，再一次说明鲁迅对党中央和毛主席是多么爱戴与关怀！

在革命极端困难的日子里，鲁迅不但把自己的全部精力贡献给了革命事业，而且也以自己有限的收入，接济党和革命团体的工作费用。《鲁迅日记》中有很多这方面的记载，如 1930 年 9 月 13 日："收《十月》稿费三百，捐左联五十。"1930 年 6 月 7 日："捐互济会泉百。"对于左联，大家都已熟知，这里不必多说，对于"互济会"我在这里顺便介绍一下：它是党为了保护一切解放运动的斗士，救济被难者，于 1926 年由恽代英等同志发起组织的。鲁迅到上海以后，就参加了这个组织，多次捐款，和这个组织的同志保持联系。因此日记里有这样的记载。

在国民党匪帮杀人如草不闻声的时候，有多少革命战士惨遭横祸，死于非命。敌人因为害怕人民的正义反对，对这些战士，不敢公开举行他们的所谓"审判"，于是就秘密地把这些战士枪杀。鲁迅对有些革命战士，如果生前来不及营救，就在他们死后主动地照顾他们的家属。1931 年，柔石等人被国民党特务枪杀于上海龙华以后，鲁迅在他 8 月 15 日的日记中这样记载："夜交柔石遗孤教育费百。"当时据他所写的《柔石小传》中记载说："柔石有子二人，女一人，皆幼。"现在距离烈士遇难时间已有二十多年了，他的子女也都已长大成人了。今年国庆以前，我曾看见过柔石的次子，他已成为一个共产党员，爱好戏剧，音容笑貌，酷似乃父。他并向我诉说，他的母亲现尚健在，一兄一姊，也已成了三十多岁的成年人了。这样，如果鲁迅死后有知，也该放下他的一颗为战友的赤诚的心了。以上所举，仅就自己所知简略言之，此外，他尚有许多活动为我所不知的，如有伐扬·古久列参加的反对帝国主义阴谋挑起第二次世界大战的大会在上海举行时，鲁迅也参加了这个会议。这是一次激昂慷慨的大会，但因为我对这件事情不甚清楚，所以这里就只好从略了。

鲁迅生前，除了自己完全献身于革命事业以外，他还寤寐以求地想着如何为党和革命多增添一些力量，多造就一些人手。在这方面他做了不少工作，直接、间接因受了他的影响而奔向革命的青年，可以说比比皆是。但是由于阶级斗争的复杂，有些坏分子曾经鱼龙混杂地混入过革命队伍当中，比如向培良、韩侍桁之流，就曾经和鲁迅接近……当时，鲁迅因为敌人追捕，行动很不自由，有些情况不能加以对证，这就给胡风匪徒以可乘之机。鲁迅生前，曾谈到他在受人欺骗以后的态度："即使第一次受骗了，第二次也有被骗的可能，我还是做，因为被人偷过一次，也不能疑心世界上全是偷儿，只好仍旧打杂。但自然，得了真赃实据以后，又是一回事了。"（见《鲁迅书简》，832 页）向培良、韩侍桁等辈，鲁迅已经在激烈的阶级斗争中，看到他们由人变成"狗"了。所以对他们挞伐，采取了毫不容情的态度……

作为一个伟大的革命作家，鲁迅的感觉是极其敏锐的，这原是一种最可宝贵的性格，高尔基曾经说过，"作家是阶级的眼睛和耳朵"，鲁迅由于对祖国的热爱，对人民的关心，所以常常对社会上发生的一些事件，非常注意，并在他的文字中，对这些事件深刻地发掘它的根源，指出解决的方向，这就是他的杂文之所以源源不断产生的由来，也是党和革命在当时迫切需要做的工作。然而冯雪峰却不止一次地劝鲁迅："不要使自己变小了"，意思是叫鲁迅不要去注意这些他所认为是"细小"的琐事，这是十分荒谬的。鲁迅曾经说过："况且现在是多么切迫的时候，作者的任务，是在对于有害的事物，立刻给以反响或抗争，是感应的神经，是攻守的手足。"（见《且介亭杂文》序言）"我的杂文，所写的常是一鼻，一嘴，一毛，但合起来，已几乎是或一形象的全体"（见《准风月谈》后记），可见这件工作是多么重要……客观事物大小之间的辩证关系，即个别与一般的关系，是不是就能像他所说的那么机械地划分开来呢？如果我们对一件事物的"部分"根本不去接触，那末，对它的"全体"我们又怎样把握呢？特别是一个革命的作家，如果他不通过具体的社会事实，那他怎样来鞭打旧社会，彻底否定旧社会呢？有些事情，即使像他所说，是一件小事情吧，那末，一个革命者又有什么不值得去做呢？鲁迅说："巨大的建筑，总是一木一石迭起来的，我们何妨做做这一木一石呢？我时常做些零碎事，就是为此。"（见《鲁迅全集》：卷十，273页）……请看瞿秋白同志对这个问题是怎样的看法：

现在的读者往往以为《华盖集》正续编里的杂感，

不过是攻击个人的文章，或者有些青年已经不大知道
"陈西滢"等类人物的履历，所以不觉得很大的兴趣。
其实，不但"陈西滢"，就是"章士钊（孤桐）"等类的
姓名，在鲁迅的杂感里，简直可以当做普通名词读，就
是认做社会上的某种典型……揭穿这些卑劣，懦怯，无
耻，虚伪而又残酷的刽子手和奴才的假面真，是战斗之
中不可少的阵线。

——《鲁迅杂感选集》序言

鲁迅正是本着这种精神，继续不断地在这"不可少的阵
线"上战斗，对敌人和旧社会的缺点，抓住不放地给以猛烈
的攻击，这正是符合人民需要的工作……

十三　为革命文化事业而奋斗

鲁迅毕生为革命文化事业而奋斗，尤其最后十年，在上海为革命文化事业作出了巨大的贡献。因为这时有了党的具体领导，方向更加明确；加以自己又不断地努力，学习并掌握了马列主义的理论，来运用到中国新文化上，向敌人冲锋陷阵，所向披靡。观其对新月派、民族主义文学、第三种人与杨邨人之流的斗争和揭露，以及《伪自由书》与《准风月谈》后记中所说的事实，鲁迅就是运用简炼、准确的手法，画出一些鬼魂魔影来了。这是在党领导下的胜利，是敌人可耻的失败！

这时与鲁迅有关系的书店很多，粗略计算就有：

北新（青光）	生活	光华
生生	新生	群众
神州	联华（兴中、同文）	

春潮	天马	湖风
文化生活	大江	
合众	水沫	

　　以上各书店，有关系较久的北新；有后起而出书较多的文化生活社（《故事新编》《俄罗斯的童话》《死魂灵》《死魂灵百图》）。也有专印别家不肯出版的禁书的联华书局（《花边文学》《小彼得》《坏孩子和别的奇闻》等），它有时又改名同文（《南腔北调集》）、兴中（《准风月谈》），没有一定门市，负责人原是北新职工费慎祥，他因家庭生活困难，请求鲁迅帮助出书维持家庭，鲁迅就把写好的几种书交给他印行批发出售的。《毁灭》原列为神州国光社拟出的《现代文艺丛书》十种之一，该社毁约之后，鲁迅愤而以三闲书屋名义自行印出，大部分归光华书店发售的。大概在上海的北新，后来已经与流氓、特务、政客结成一伙，重用李子云、丁默邨，大捧钮惕生，乱登淋病广告，另设伪国旗商店，已经与新书业绝缘，唯以广印活叶文选和反动教科书营利，以剥削作家为能事！实已无可救药之极了。它一面仍用鲁迅做幌子，以青光书局名义出了《两地书》《伪自由书》《鲁迅杂感选集》，一面又给鲁迅难堪："话不算数，寄信不回答，愈来愈甚"（见《鲁迅全集》：卷十，13页），甚至在外看到鲁迅为避暗害、看病多坐汽车，又使人扬言："鲁迅出入坐汽车，你看他多么有钱！"为自己赖付版税卸责。其实，就是

鲁迅找了律师"给他们开一点玩笑"，账也是算不清的。在上海出版的鲁迅著作后来是领印花去贴，在外地就简直不贴印花，这情况鲁迅是晓得而未予追问的。北新为了和开明书店抢生意，为拉拢林语堂的英语读本给他印行，而先印出他侄子写的文学史，粗制滥造，曾引起鲁迅反感，鲁迅曾经表示，北新如果为政治问题而关门，也是光荣的。事实却相反，北新倒行逆施，甘与敌伪为伍，已自绝于文化界。鲁迅除把一些书交由各书店出版外，又由联华书局出书，目的全是为了革命文学不被敌人扼杀而特行印出的。只要印得出，在读者中间得到传布，即算是对敌人示威的目的达到了。故由费慎祥出的书，从未结算过版税，甚或自己贴出纸张、印刷费亦所甘愿。这里看出鲁迅为文化事业而艰苦奋斗，不顾一切，凡有路可通，能抗击敌人的都用尽心思去对付了。

反动的报刊杂志虽有，向左翼进攻的压力也不少，但党的领导始终卓立着，大家看到光明的前途有所遵循而快慰，进步的杂志报刊，每于压力稍松，即又纷纷地组织起来，争取公开与读者见面，而鲁迅在上海时与之有关系的杂志报刊就有五十多种。

他初到上海，以编《奔流》花的力量为最多，每月一期，从编辑、校对，以至自己翻译，写编校后记，介绍插图，或亲自跑制版所，及与投稿者通讯联系，代索稿费，退稿等等的事务工作，都由他一人亲力亲为，目的无非是为了要把新鲜的血液灌输到旧中国去，希望从翻译里补充点新鲜力量。这就占去了一个月的大部分时间，其余为各刊物写文章，总觉时间有限。同时，他也不排斥创作，白薇女士的《打出了幽灵塔》的长诗，鲁迅就分期给予刊载。为读者与作者设想，这里，鲁迅是颇费了一点心思的。他曾说："这样长诗，是要编排得好，穿插得合适，才会有人看的，所以每期的编排就很费斟酌。"这是他同情一个作家，就不惜极力援助她了。而鲁迅又同情杨骚为朋友的热心，他有时就开玩笑地说："我编排他们的稿件，不是杨骚在前，白薇在后，就是白薇在前，杨骚在后。"

朝花社的搞起来，初时是从厦门大学来的一位王方仁（又名育和）要求住在鲁迅附近，可以常常讨教便利。因之，鲁迅住在景云里时，他就搬到附近租一个亭子间来住，后来又添了崔真吾，再加进柔石，租住一幢房子，吃饭搭在我们那里，早晚食饭相遇，闲谈到有意译书自行印出的事，鲁迅仍本着以前扶助未名社的态度，替王方仁介绍《红笑》，鲁迅并有一篇《关于〈关于红笑〉》的文章，登在《小说月报》为梅川（即王方仁）辩解；替崔真吾校订《忘川之水》，其目的无非为了帮助青年文化事业，又同意出《朝花旬刊》，出了几本近代世界短篇小说集如《奇剑及其他》等就是，又印了几本木刻选集，名《艺苑朝华》，是从鲁迅所藏版画中编印出来，给木刻界有所参考的。但王方仁以有哥哥在上海四马路开教育用品社的方便为词，请求由他的社代买纸张及代为销售，这个建议众人以为是合理，有内行人便利很多，于是王、崔、柔石三人连鲁迅四人共同投资，每人一股，鲁迅除借垫柔石，自任一股外，后来又自动再加一股，算是我的名义，无非增大出书能力，合起来鲁迅担任五分之三。但所用的纸，其实是不合于印木刻图用的。多是从拍卖行兜来的次货，油墨也是廉价的，印出来不是相得益彰，而是一块块、一堆堆不见线条的画，就相形见绌了。但这里，却看到柔石的高贵品质，在据说书与木刻画都收不回本钱，而且还要赔一笔款出去的时候，他毫无怨言，除了出书时的自任校对，奔走接洽都任劳任怨之外，这时又拼命译作，以期偿还欠款，到宣告失败了，还又向鲁迅借垫付出。柔石是忠厚的，还不相信鲁迅说的"人心惟危"（见《为了忘却的记念》），而王方仁则奔走城乡之间，为他家建立祠堂大忙特忙，看不到他搞出书事业。在一次看到鲁迅家中有蔡元培先生在座，他就抓住机会，要鲁迅代他向蔡元培先生请求为祠堂题字，把朝花社的事根本置之脑后了。朝花社结束后，王方仁从德国洗个澡转回来，他们的教育用品社更昌盛了，还听他向人说，是鲁迅误会了他呢。可惜柔石忠心耿耿，为这幻灭了的一个小小的文化事业用尽了一大把力，难道这是能用误会二字轻轻遮瞒得过去的吗？幸而鲁迅率直地在《为了忘却的记念》一文中，给柔石留下了真实的性格，使市侩们千方百计无所遁形。

柔石为人诚实质朴，从不多言。每次相见都是与鲁迅谈创作、文学方面的事，看到《艺苑朝华》要印木刻，他也写信到英国木刻家那里，寄去中国木刻信笺之类，换回一些木刻画，似乎转赠给鲁迅作印书资料了。这和王方仁，恰恰形成了一个强烈的对比。

另一个青年和王方仁他们住在一起（景云里），名叫韩侍桁。提起此人，我要倒叙一笔。他是日本留学生，在留日时曾投稿到《语丝》来，和鲁迅有书信来往，便算认识了。鲁迅有一次回北京去，他就寄来一张当票，叫鲁迅到京后替他赎出送到他家里去（见《鲁迅日记》1929 年 4 月 12 日："上午得侍桁信并当票一张。"）。这种与人方便的事，鲁迅原本乐意做的，就照办了。后来又写信来，要在北京谋事，嘱鲁迅设法。鲁迅想，自己只认识学界中人，就托马幼渔先生代为设法找一教书的职务吧！已经颇有眉目了的时候，北京其时正是胡适、周作人辈甚为得势，问知是鲁迅的关系来的，这事就算吹了。韩侍桁未得做成教员，回到上海后找到了鲁迅，见柔石、冯雪峰等人都住在景云里，和鲁迅接近，而又都是左联人物，不知怎的韩侍桁也"左"起来了。但左联人物并不能升官发财，此路不通！他就摇身一变，往右转了。想着鲁迅既不能利用，骂鲁迅或可以有用吧！于是跑到南京，与三个好友在一起，自己躲在背后，叫他的好友去骂鲁迅。如此这般，鲁迅岂有不知之理？所以在《伪自由书》后记里就顺手斥责了韩侍桁一下："时代的巨轮，真是能够这么冷酷地将人们辗碎的。但也幸而有这一辗，因为韩侍桁先生倒因此从这位'小将'（指革命小贩杨邨人——作者）的腔子里看见了'良心'了。"这不就画出韩侍桁的嘴脸了吗？

革命越受压迫，作家的革命文学越受摧残。邮局看到红色封面的《呐喊》，不问内容一律禁止。对报刊、杂志，狗们的感觉异常灵敏，嗅到一点味道，立即通风报信，摇尾报功，鲁迅是不管这一套的，反而在他的杂文集里揭发这些东西的嘴脸不遗余力，以掊击敌人，维持无产阶级文化事业的向前发展。敌人低能，其实是无能的，例如《申报》的《自由谈》取消了原来的编辑，调换一个老编辑张梓生先生，这样，他们以为能弹冠相庆，可以高枕无忧了。殊不知张与鲁迅也是老相识，更重要的是读者爱读这些辛辣的痛击时弊的文字，这是时代推移，人心归向，没法阻挡得住的。所以鲁迅在党领导下能进行一切活动，是与群众联系在一起，与群众生活在一条根上，连老人如张梓生也团结在一起，斩也斩不断，其故在此。

因此之故，当时稍稍有一言半语替群众说话，代表了群众呼声的，有时明遭禁忌，暗则畅销，书店柜台下另藏有左翼出版物，没收一批又有一批，使敌人禁不胜禁，扣不胜扣，真所谓"野火烧不尽，春风吹又生"。这和反动派豢养大批无耻文人，大兴官办书店，但其"作品"却无人过问，恰恰成了强烈的对比。

然而扩大革命影响，增加战斗力量，从文学战线上寻找生力军，仍然是急需的。所以不管任何挫折，仍不能减弱他在青年身上寻觅新生力量的热情。这是要费许多时间与精力的，但这方面鲁迅情愿破费时间与精力。过去，有些人说鲁迅脾气大、不好相与，这是因为他没有和鲁迅站在一条战线上的缘故。鲁迅自己也曾经说过："现在的许多论客，多说我会发脾气，其实我觉得自己倒是从来没有因为一点小事情，就成友或成仇的人。我还不少几十年的老朋友，要点就在彼此略小节而取其大。"（见《鲁迅全集》：卷十，148页）看看他和许寿裳先生是一例子，又如宋紫佩先生，从前在浙江两级师范学校做学生时曾反对过鲁迅，后来他加入南社，认识比较清楚了，和鲁迅成为终生的好友，甚至有时以家务相托，成为极可信赖的一个朋友了。所以，鲁迅是最好相与的，你看他热心出版事业，帮助文化界识与不识的人，凡是损己利人的事，他都是勇于承当的，他念兹在兹的就是为革命文化事业而努力奋斗，绝不"因为一点小事情，就成友或成仇"的。"略小节而取其大"，合乎人民利益的是友，反乎此的是敌，这界限是多么清楚啊！尽管他工作是那么积极，在文化界的地位是那么高，但在他自己看来，这纯是份内应做的事，值不得提起的。以前，人们知道他辞掉过提名为诺贝尔奖金的候选人；到他大病时，看到《作家月刊》的目录用世界名人像做花边，把鲁迅也摆在里面，他就非常之生气，觉得编者未尊重他的意见而耿耿于心，这是他工作的态度，实事求是的态度，也是极其谦逊的态度。

还是从《为了忘却的记念》说起吧，对一个毫不相识的青年，就因为看他有志于翻译匈牙利大诗人的诗，于是就把自己酷爱的藏在身边三十年不易得来的书赠给了他（白莽），这种鼓励译作、热情培养青年战士的精神，不是非常令人感动吗？

另一个在邮局工作的青年孙用，译了一本《勇敢的约翰》，寄到鲁迅手里，他阅后马上写回信，称赞他："译文极好，可以诵读。"但又怕介绍到杂志上不方便，就想替他设法印单行本，但鲁迅还须向书店接洽。在解放前，作家受制于书店，这样的情况是常常有的。鲁迅为着介绍一本《勇敢的约翰》，歌颂匈牙利人民的英勇性格，就从 1929 年 11 月 6 日—1931 年 11 月 18 日止共费时间两年，才把这件事告一段落。其中经过，有鲁迅与孙用来往通信二十一封；与书店或有关人的接洽书信十二封，接洽五次；又鲁迅自己为《勇敢的约翰》制图而亲自跑制版所一次；编校算得出的有五次，最后才由湖风书店将书印成。一书之成，在当时确属不易，其中甘苦，我们从鲁迅与孙用的通信中可以得知大概，现在介绍一二，以便读者了解鲁迅替群众服务的不辞劳瘁的精神，而解放前出版界之难于应付亦可见一般了。

《鲁迅书简》复孙用信第十：

十一月廿七日信，早到。《勇敢的约翰》世界语译本及原译者照相，已于大前天挂号寄上，想已收到了。译本因为当初想用在《奔流》上，将图制版，已经拆开：这是很对不起的。

接到另外的十二张图画后，我想，个人的力量是不能印刷的了，于是拿到小说月报社去，想他们仍用三色版每期印四张，并登译文，将来我们借他的版，印单行本一千部。昨天去等回信，不料竟大打官话，说要放在他们那里，等他们什么时候用才可以——这就是用不用不一定的意思。

上海是势利之区，请　　先生恕我直言："孙用"这一个名字，现在注意的人还不多。Petofi 和我，又正是倒霉的时候。我是"左翼作家联盟"中之一人，现在很受压迫，所以先生此后来信，可写"……转周豫才收"较妥。译文的好不妨，是第二个问题，第一个问题是印出来时髦不时髦。

不过三色版即使无法，单色版总有法子想的，所以我一定可以于明年春天，将它印出。

这是鲁迅从一位邮务员（孙用）的译诗，喜其译作优良，又由诗找到插图，就想图文并茂地印将出来以飨读者的。而制图费又太大，自己负担觉有困难，因而煞费苦心地想借大出版商之力先印出来，但这办法也落空了，终于大碰钉子而回。

到了次年，即 1931 年的 10 月 6 日，鲁迅退而向小书店设法出书。当天日记里这样记着：

午后寄孙用信，并代湖风书店预付《勇敢的约翰》欣悦七十……得湖风书店信并校稿。

复孙用信十三：

惠函并印花一千枚，早已收到。诗集尚在排印，未校完。中国的做事，其是慢极，倘印 Zola（左拉——作者）全集，恐怕要费一百年。

这回印诗，图十三张系我印与，制版连印各一千张共享钱二百三十元，印字及纸张由湖风书店承认，大约需二百元上下，定价七角，批发七折，作将来全数可以收回计，当得四百九十元。书店为装饰面子起见，愿意初版不赚钱，但先生初版版税，只好奉百分之十，实在微乎其微了。而且以现在出版界现状观之，再版怕也不易，所以这一本翻译，几乎是等于牺牲。

版税此地向例是卖后再算，但中秋前他们已还我制版费一部分，所以就作为先生版税，提前寄上……

从这里可以看出，鲁迅为革命文化事业，为一个不相识者服务的情况。好不容易算是卖面子才找到一家小书店给印了，自己又垫付出几百元的制版费，连奔走劳力不计，待书店付还一部分制版费时，鲁迅就急急又先垫付给作者的版税了。这种丢开自己，首先为他人设想，在旧道德是为人谋而忠，在新道德是社会主义风格。鲁迅在《为了忘却的记念》一文中，称赞柔石说："无论从旧道德，从新道德，只要是报己利人的，他就挑选上，自己背起来。"其实这几句话，也正可以移来用在他的身上。从这书的校后记里我们看到鲁迅为一个青年奔走劳力的痕迹之一般，亦见当时即名为大作家如鲁迅，也和一般作者的命运一样，这就是因为政治压迫之故。其原文如下：

> 这一本译稿的到我手头，已经足有一年半了……计画印单行本没有成，便想陆续登在《奔流》上，绍介给中国。一面写信给译者，问他可能访到美丽的插图。
>
> ……
>
> 然而那时《奔流》又已经为了莫名其妙的缘故而停刊。以为倘使这从此湮没，万分可惜，自己既无力印行，便绍介到小说月报社去，然而似要非要，又送到学生杂志社去，却是简直不要，于是满身晦气，怅然回来，伴着我枯坐，跟着我流离，一直到现在。但是，无论怎样碰钉子，这诗歌和图画，却还是好的……
>
> ——《集外集拾遗补编》

就因为诗歌和图画是好的，所以不惜竭尽自己的全力来替他张罗出版，这本小书如果不碰到鲁迅，大约在中国未必有和读者见面的机会的。虽然当时印得不多，而且我们手头也找不到一本了，但总算给中、匈两国人民的友谊留下了一个纪念，这也是想不到的吧！当然，鲁迅为中国新文化事业，为识与不识的青年所尽的力量，绝不仅仅就此一端，我只不过举其一点，以概全般罢了。这就是"好事之徒"的鲁迅，无时无刻不在文化界做些别人不屑置顾的为人民服务的工作，为作家，为新文化事业尽他能尽的力量。这种精神是可宝贵的，尤其在反动统治阶级大加扑灭文化的时候。

我们住在北四川路底时，家里用了一个善良而又纯朴的老女工。凡工人有错误，鲁迅是不加呵斥的，而况她对孩子很慈祥，不由令人想起长妈妈来。鲁迅要孩子叫她姆妈，从来不许直呼其名的。每逢我们走向饭厅吃饭的时候，她就来到鲁迅写作兼卧室的一间大房间里，做清洁工作或带孩子在这里玩耍。有一天，我们吃完饭回到房里一看，她和孩子玩得正欢，在朝马路的三楼阳台上和孩子一页页地吹纸片，说是放鸢，孩子看到纸片飞舞，忽上忽下，高兴极了，总是要求再来一个。在欢笑之下我们来了，不看犹可，一看，却是鲁迅书架内的一本书被撕去大半本做蝴蝶和纸鸢飞去了，连忙拦阻，才把后小半收回。因为她是文盲，不懂得书的内容，更不了解鲁迅视书如命的脾气，只图博得小孩欢喜，就什么也不管了。鲁迅体谅她，没有加以责备，只戒以后不可再做了。1931年的某一天，东邻有人搬走了，她照往常习惯，仍然领着孩子去玩，回来手内带着一本人家遗下不要的破书，准备给小孩玩。鲁迅接过来一看，是一本《夏娃日记》，那精美的莱勒孚的五十多幅插图和原作者马克·吐温的笔调，迷住了鲁迅，爱不释手地翻了又翻地看个不完，后来又托人翻译了全书。可惜事隔多年，书局也早已倒闭，《夏娃日记》在中国又已绝版了。不然，1960年世界名人纪念中，也可添加马克·吐温这个有名的幽默作家的这一本译著。他原是一个领港，在发表作品的时候，便取量水时所喊的讹音，用作了笔名，是一位美国有名的作家，我们在纪念他的时候能把这本作品拿出来多美呀！却可惜是已经绝版了。鲁迅随时随地抓住机会为新文化运动添一好的出版物的苦心，真是令人感动。

鲁迅对祖国文化事业的各个方面，都非常关心。凡有可以尽力之处，他都竭尽全力地给予支持和帮助。比如对新兴的木刻艺术的提倡，他就颇费了一些气力的。鲁迅手里有初期木刻家的作品为数甚多，几乎各地方的都有，甚或有本人因流离不定，把木刻寄给鲁迅存下一份，以免散佚的。而鲁迅在给木刻家的通信里，虽然谦虚地说自己不会也不懂木刻，但看他对青年木刻家们所抱的深切期望；在通信中也直率地就作品中存在的缺点提出意见；并且自己举办外国木刻展览会三次；又花费巨资编印外国木刻大师们的作品以供我国木刻家借鉴；凡此种种，都可以看出他对木刻艺术是热诚爱护、极力提倡的。

中国的木刻艺术，和整个新文化运动一样，是在压迫与斗争中发展起来的。它的兴起、挣扎和成长，也是经过重重困难的。木刻工作者，也是冒了生命危险来保持、发扬这木刻事业的。我们只要读一读鲁迅那篇《写于深夜里》的文章，看看那十八岁青年的被捕，因为查出一个苏联文学家的木刻像就硬说这是"红军军官"，然后一连串的罪状，都从这"红军军官"生发出去，判处有期徒刑"二年六个月"。后来才查明白，祸根是"学生对于学校有不满之处，尤其是对于训育主任，而他却是国民党省党部的政治情报员。他为了要镇压全体学生的不满，就把仅存的三个木刻研究会会员，抓了去做示威的牺牲了"。这等残害青年的罪恶，是国民党反动派经常演出的丑剧。但他们把木刻艺术视为眼中钉却也并不偶然，这不仅是人凡君一人的遭遇，因为木刻是一种战斗的艺术，几乎凡是搞木刻的，都是左倾分子，都受到过反动派的忌恨，好像都该杀似的。我还记得这样一件事：就是杭州那个美术学校的青年，要出一本关于"一八艺社"展览会的作品，要求鲁迅作序，鲁迅对青年的请求从不拒却的，答应了，写成后而且被印在画册的前面了。临发行的前夕，被校长看见了，就大发雷霆，说有鲁迅的序文，不准发行。一声命令，当即把印好的画册封禁起来，大批堆放在储藏室里，让它们长期过着禁闭生活，不能和读者见面。有一位这个学校的学生，在鲁迅逝世后，还找到一本未发行的画册给我留做纪念。一个学校的校长，就威严到如此程度！鲁迅遭殃不要紧，连累这份刊物不得出世却是令人不安的。当时全国各地几乎无木刻家藏身之地！只有延安才真正认识、爱护他们。也正因为人民的政府爱护他们，反动派就更加仇恨他们了，而以杭州美术学校的做法最为露骨，人凡君的事情就出在那个学校。后来"在上海还剩有 M.K. 木刻研究社，是一个历史较长的小团体，曾经屡次展览作品，并且将出《木刻画选集》的，可惟今夏（1934 年——作者）又被私怨者告密。社员多遭捕逐，木版也为工部局所没收了"（见《且介亭杂文》:《〈木刻纪程〉小引》）。

然而，新生事物是不可战胜的。尽管木刻家遭捕逐，甚至被杀害，工具被没收，但工作仍然不断有人继续，作品不断出现，成绩不断提高，诚如上面所引的鲁迅用"铁木艺术社"的名义所发表的《〈木刻纪程〉小引》一文中所说：

> 仗着作者历来的努力和作品的日见其优良，现在不但已得中国读者的同情，并且也渐渐的到了跨出世界上去的第一步。

而且鲁迅还作了预言，木刻将来有两个发展的前途：

> 采用外国的良规，加以发挥，使我们的作品更加丰满是一条路；择取中国的遗产，融合新机，使将来的作品别开生面也是一条路。

这两条路，中国木刻界似乎同时都采用于新木刻了。人们只要翻开《十年来版画选集》或一读李桦和力群两同志合写的《建国十年来的版画》和参观了北京或广州、重庆的版画展览，就会大大惊异于它今天的收获，在党的领导下，如何像奇花异卉一般灿烂地开放在祖国的大花园中！而其气魄的雄伟不可一世，则视之欧洲名木刻也不多让，如李桦的《战黄河》以及其他人的关于人民生活的描写画幅。它们是中国人民英勇奋发、天天创造奇迹的一个缩影。充分表现了人民群众在党的领导下敢想敢干、克服困难的伟大精神。刘规的《鸡冠花》与江敉的《晚归》，则是"择取中国的遗产，融合新机"的作品，其他每幅制作，都具有新意境，新的蓬勃不可遏止的气象横溢于画面之上，充分反映了全国的浓厚气氛。如果不是切实体验生活，真正参加到生产劳动中去，是很难有此成就的。马克同志在今年（1959年）11月14日《人民日报》第八版题作《阔步前进的版画艺术》一文中，简评第四次全国版画展览说：

> 作品描绘的内容不论是宏伟巨大的水利工程，气势巍峨的钢铁生产，日新月异的城市建设，或是麦浪滚翻歌声遍野的丰收；也不论是祖国大好河山晨昏雨雾和四季变化莫测的美妙，或是自然界奇花丽草的美，等等，无不洋溢着画家对生活的热爱，和艺术上独到的造诣。

鲁迅生前多么希望自己能够看到祖国的建设，在苏联版画展览会上，他"看见飞机，水闸，工人住宅，集体农庄"，看到我们伟大邻邦的这些成就，非常高兴，现在我们也把自己祖国的建设，用艺术再现在群众面前了。鲁迅认为在阶级社会中，有两种不同的艺术："既有消费者，必有生产者，所以一面有消费者的艺术，一面也有生产者的艺术。"（见《且介亭杂文》:《论"旧形式的采用"》）但在旧社会中，消费者的艺术，"一向独得有力者的宠爱，所以还有许多存留"，生产者的艺术，还要受到限制与压迫。今天是无产阶级掌握了政权，所以生产者的艺术就蒸蒸日上地发展起来了。今年（1959 年）第四届全国版画展览时，据估计有将近二百人参加展出，而且大都是许多作者近一年中的作品，这比之《木刻纪程》时代的寥寥可数的十数人要多得多了。更可喜的是许多工厂、农村、学校和部队的版画作者，更是难以数计，其创作风起云涌，形成热潮。真当得起"猗欤盛哉"四个字了。

生产者的艺术，其发展的前途真是宽阔无比的。回想起木刻界正在遭受反动派的压迫的时候，他们不避捕捉丧命之威，仍旧不忘从事艺术工作，相信革命一定胜利，相信党的领导英明正确。木刻界同人首先树立了政治挂帅，艺术为政治服务，顽强地与敌人作斗争。近三十年来，几经变乱，压迫禁锢，污蔑凌辱，而木刻界越战越勇，越锻炼越坚强，以其本身的顽强的"生产者的艺术"的姿态，保持其青春，到今日发扬其美丽，必将在建国十年的第四届全国版画展览之后，更出现繁花满枝，果实累累的伟大景况的。因为人民群众既如此地鼓足干劲，力争上游，则其生活内容更会丰富创作者的感受，比之于旧中国对木刻艺术的摧残，现在真可谓是"枯木逢春"了，而在党的栽培和抚育下，这株艺术之花正是春光无限好，是艺术家们勤恳加工美修的时候了。

鲁迅提倡木刻，不过是为革命文化事业增添一分力量。它只不过是文化事业中的一个方面，一个小小的范围而已，然而因为从事于此的艺术家们，首先坚定了政治挂帅的方针，所以不管任何横逆之来都能抵抗，既不被"消费者的艺术"所诱惑，所玷污，也不为"消费者"的意旨所左右，所转变，经受住了历史的考验。今天在党的光辉照耀下，在总路线的鼓舞下，就会更迅速地成长、壮大，更多地为"生产者的艺术"增添异彩了。将来就不只在北京、广州、重庆等大城市展出，还会在工厂、农村、部队、学校中涌现精美的作品。因为用马克同志的话来说："这种广泛的群众性，是社会主义时代艺术发展的特征，也是版画之所以能不断前进的根本动力。"